Institute of English
& Foreign Languages
Winner of European Quality Award, Oxford, England,
Rahul Towers, Narayanaguda, Hyderabad-500 029. A.P.

studio d A2
Deutsch als Fremdsprache
Sprachtraining

von
Rita Maria Niemann

studio d A2
Deutsch als Fremdsprache
Sprachtraining

Herausgegeben von Hermann Funk

Im Auftrag des Verlages erarbeitet von Rita Niemann unter Mitarbeit von Silke Demme, Hermann Funk, Christina Kuhn und Britta Winzer

In Zusammenarbeit mit der Redaktion:
Dagmar Garve (verantwortliche Redakteurin)
Nicole Abt (Bildredaktion)
Gunther Weimann (Projektleitung)

Illustrationen: Andreas Terglane, Laurent Lalo (S. 27)
Layout und technische Umsetzung: Satzinform, Berlin
Umschlaggestaltung: Klein & Halm Grafikdesign, Berlin

Das Lehrwerk **studio d** erscheint in zwei Ausgaben: einer dreibändigen und einer fünfbändigen. Zu jedem Band gibt es ein Sprachtraining. Diese Ausgabe bietet Ihnen zusätzliches Übungsmaterial zu den Einheiten des A2-Bandes. **studio d** orientiert sich eng an den Niveaustufen des Gemeinsamen europäischen Referenzrahmens. Band 1 und 2 führen zur Niveaustufe A1, Band 3 und 4 zu A2 und der fünfte Band (identisch mit dem dritten Band der dreibändigen Ausgabe) führt Sie zum Zertifikat Deutsch.

Weitere Kursmaterialien:
Kurs- und Übungsbuch ISBN 978-3-464-20712-3
Audio-CD ISBN 978-3-464-20718-5
Vokabeltaschenbuch ISBN 978-3-464-20715-4
Video A2 (VHS) ISBN 978-3-464-20740-6
Video A2 (DVD) ISBN 978-3-464-20846-5
Unterrichtsvorbereitung (Print) ISBN 978-3-464-20733-8
Unterrichtsvorbereitung interaktiv ISBN 978-3-464-20747-5

www.cornelsen.de
www.goyalsaab.com

Die Internetadressen und -dateien, die in diesem Lehrwerk angegeben sind, wurden vor Drucklegung geprüft. Der Verlag übernimmt keine Gewähr für die Aktualität und den Inhalt dieser Adressen und Dateien oder solcher, die mit ihnen verlinkt sind.

First Indian Edition : 2010
Reprinted : 2013

Alle Drucke dieser Auflage sind inhaltlich unverändert und können im Unterricht nebeneinander verwendet werden.

© 2007 Cornelsen Verlag, Berlin
© 2010 GOYAL Publishers & Distributors Pvt. Ltd.
(for sale in the Indian subcontinent, Afghanistan & Iran only)

Das Werk und seine Teile sind urheberrechtlich geschützt.
Jede Nutzung in anderen als den gesetzlich zugelassenen Fällen bedarf der vorherigen schriftlichen Einwilligung des Verlages.
Hinweis zu den §§ 46, 52 a UrhG: Weder das Werk noch seine Teile dürfen ohne eine solche Einwilligung eingescannt und in ein Netzwerk eingestellt oder sonst öffentlich zugänglich gemacht werden.
Dies gilt auch für Intranets von Schulen und sonstigen Bildungseinrichtungen.

Published in India by Ashwani Goyal for
GOYAL Publishers & Distributors Pvt. Ltd.
86-U.B. Jawahar Nagar, Delhi - 110 007. India
Tel: 011-23852986, 23858362, 23858983, Fax: 011-23850961
E-mail: goyal@goyalsaab.com • www.goyalsaab.com

Inhalt

4	**1** Sprachen und Biografien

10	**2** Familienalbum

18	**3** Reisen und Mobilität

24	Leben in Deutschland 1

28	**4** Aktiv in der Freizeit

34	**5** Medien

40	**6** Ausgehen

46	Leben in Deutschland 2

48	**7** Zu Hause

56	**8** Kultur erleben

62	**9** Arbeitswelten

68	Leben in Deutschland 3

72	**10** Feste und Geschenke

78	**11** Mit allen Sinnen

84	**12** Erfindungen und Erfinder

90	Leben in Deutschland 4

Sprachen und Biografien

1 Deutschlehrer in Singapur

a) Wer macht was? Lesen Sie die Texte und kreuzen Sie an.

Dr. **Chan Wai Meng** kommt aus Singapur. Er spricht Chinesisch, Englisch und Deutsch, reist sehr gerne und interessiert sich für Fremdsprachen. Nach der Schule hat er zuerst ohne Lehrer Deutsch gelernt und dann Deutschkurse am Goethe-Institut besucht. 1982 ist er nach Deutschland gegangen und hat an der Universität in Würzburg deutsche Literatur und Sprache studiert. Später hat er in Kassel Deutsch als Fremdsprache studiert und 2000 noch einen Abschluss gemacht. In Deutschland hat er auch seine Frau kennen gelernt. **Han Jing** kommt aus Taiwan. Sie spricht Chinesisch, Englisch und Deutsch und hat auch in Würzburg Deutsch studiert. Heute ist sie Expertin für traditionelle chinesische Medizin. Wai Meng unterrichtet jetzt Deutsch als Fremdsprache. Er ist der Direktor vom Sprachenzentrum an der Nationaluniversität in Singapur.

Chen Ing Ru kommt aus Taiwan. Sie spricht Deutsch, Englisch und natürlich auch Chinesisch. Eigentlich war ihr Berufswunsch Englischlehrerin, dann hat sie sich aber doch für Deutsch entschieden. Zuerst hat sie vier Jahre an der Fu-Jen-Universität in Taiwan Deutsch studiert. Da hat sie auch Theater gespielt, auf Deutsch! Die Ausspracheübungen haben ihr besonders viel Spaß gemacht. Nach dem Studium in Taiwan hat sie in Deutschland an der Universität in Trier Phonetik studiert. Sie hat ein paar Jahre in Taipei Deutsch als Fremdsprache unterrichtet und lebt seit 1996 mit ihrem Mann in Singapur. Sie haben zwei Kinder und sprechen zu Hause Chinesisch. In den ersten Jahren in Singapur hat Ing Ru am Goethe-Institut gearbeitet. Seit 2000 unterrichtet sie an der Nationaluniversität im Sprachenzentrum Deutsch.

Andrea Verry ist aus Deutschland. In der Schule hat sie Englisch und Französisch gelernt. Nach ihrem Schulabschluss ist sie viel gereist. Sie ist zuerst für ein Jahr als Au-pair nach Paris gegangen. In Paris hat sie geträumt, sie studiert in Hamburg Russisch. Das hat sie dann auch wirklich gemacht! Sie hat auch drei Semester in St. Petersburg studiert. Zurück in Hamburg hat sie ihren Mann **Rio** kennen gelernt. Er kommt aus Indonesien und hat in Hamburg studiert. Andrea hat dann noch Indonesisch gelernt und auch einen Abschluss in Deutsch als Fremdsprache gemacht. Heute leben Andrea und Rio mit ihren beiden Kindern in Singapur. Rio arbeitet bei einer deutschen Firma und Andrea unterrichtet an der Deutschen Schule und an der Nationaluniversität Deutsch.

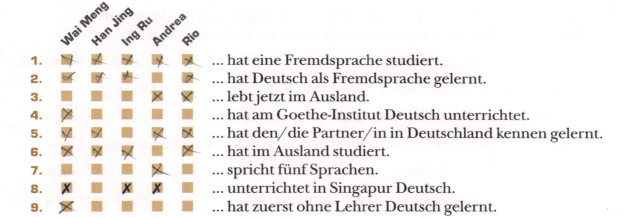

	Wai Meng	Han Jing	Ing Ru	Andrea	Rio	
1.	✗	✗	✗	✗	✗	... hat eine Fremdsprache studiert.
2.	✗	✗	✗	✗	✗	... hat Deutsch als Fremdsprache gelernt.
3.				✗	✗	... lebt jetzt im Ausland.
4.	✗					... hat am Goethe-Institut Deutsch unterrichtet.
5.	✗	✗		✗	✗	... hat den/die Partner/in in Deutschland kennen gelernt.
6.	✗	✗	✗		✗	... hat im Ausland studiert.
7.				✗		... spricht fünf Sprachen.
8.	✗		✗	✗		... unterrichtet in Singapur Deutsch.
9.	✗					... hat zuerst ohne Lehrer Deutsch gelernt.

b) Was passt zusammen? Verbinden Sie.

Ing Ru hat in Deutschland Phonetik studiert, — 1 — b
Wai Meng unterrichtet heute Deutsch am Sprachenzentrum, — 2 — d
Wai Meng hat Deutsch gelernt, — 3 — a
Andrea hat Indonesisch gelernt, — 4 — e
Andrea war drei Semester in St. Petersburg, — 5 — c

a weil er sich für Fremdsprachen interessiert.
b weil die Ausspracheübungen beim Theaterspielen viel Spaß gemacht haben.
c weil sie Russisch als Fremdsprache studiert hat.
d weil er in Kassel Deutsch als Fremdsprache studiert hat.
e weil das die Muttersprache von ihrem Mann ist.

2 Wer ist das? Ordnen Sie die grau markierten Wörter. Kennen Sie die Person?

Er ist am 25. November 1844 in Karlsruhe GENBERO *geboren* 1. Nach seinem ITUSDUM *Studium* 2 in Maschinenbau hat er zuerst in verschiedenen Firmen GEABRTIEET *gearbeitet* 3. Seit 1871 hatte er mit einem Geschäftspartner eine eigene WKRETTAST *Werkstatt* 4 (workshop) für Mechanik in Mannheim. Da hat er schon die ersten LPÄNE *Pläne* 5 für ein Auto gemacht.

1877 hat er einen 1-PS-Gasmotor gebaut. 1885 war das erste OUTA *Auto* 6 fertig. Es hatte nur drei RDEÄR *Räder* 7 (wheels): vorne eins und hinten zwei. So konnte man es besser fahren. Aber die Menschen haben den Erfinder nicht verstanden. 1888 hat er seine FINERDNUG *Erfindung* 8 täglich zwei Stunden auf einer AULLSTESUNG *Ausstellung* 9 (exhibition) in München gezeigt. Die ZIETNUGEN *Zeitungen* 10 haben sehr gute Artikel über das Auto geschrieben, aber keiner wollte es KFUAEN *kaufen* 11. Ein RJHA *Jahr* 12 später, auf der Weltausstellung in Paris, war es auch nicht viel SSEBER *besser* 13.

Da hat er 1892 mit Plänen für ein Auto mit vier Rädern begonnen. Und das war ein Erfolg! Im Jahr 1900 hat die FARMI *Firma* 14 schon 603 verschiedene Wagentypen produziert. Der Erfinder heißt Carl Friedrich ZNBE *Benz* 15.

3 Wortfeld Ausbildung und Beruf. Welches Verb passt zu den Wörtern? Ergänzen Sie *haben* und *machen* in der richtigen Verbform und Zeit.

1. Nach über zehn Jahren Arbeit im Labor ....*hatte*.... Jun Wei endlich **Erfolg**! Er hat im letzten Monat eine wichtige **Erfindung** ...*machte*.... Morgen ...*hat*.... er einen **Termin** in einer internationalen Firma. Da stellt er seine Erfindung vor.

2. Peter kommt aus Bern und arbeitet bei einer großen Computerfirma in Genf. Er ...*hat*... **Kollegen** aus der ganzen Welt und ...*macht*... oft **Dienstreisen**, besonders nach China und Indien. Da ...*hat*... seine Firma viele **Kooperationspartner**.

3. Erika hat vor vier Jahren eine **Ausbildung** zur medizinischen Schuhmacherin ...*macht*.... Sie ...*hat*... jetzt eine kleine **Werkstatt** in Würzburg. Da ...*machen*... sie Schuhe für Menschen mit Fußproblemen. Sie ...*hat*... **Kunden** in ganz Europa.

4. Ahmad ...*hat*... einen **Studienplatz** in Darmstadt bekommen. Dort ...*machte*... er vor seinem ersten Semester noch einen **Deutschkurs**. Er lernt auch Englisch und möchte später gerne ein **Auslandssemester** in der Schweiz ....

4 Komparativ. Ergänzen Sie.

1. Peter geht oft ins Theater, aber ...*er geht öfter*... ins Kino.
2. Eva spricht gut Chinesisch, aber ...*sie spricht besser*... Russisch.
3. Tom bezahlt viel für seinen Sprachkurs, aber ...*er bezahlt mehr*... für seinen Urlaub.
4. Herr Moll arbeitet gern im Verkauf, aber ...*er arbeitet lieber*... am Computer.
5. Ich bin zu Fuß schnell im Büro, aber ...*ich bin schneller*... mit dem Fahrrad da.

5 Vergleiche mit *als*. Welche Adjektive passen? Ergänzen Sie.

gesund – ~~alt~~ – ~~modern~~ – weit – ~~groß~~ – ~~schnell~~ – berühmt

1. Ein Elefant ist ...*größer als*... eine Maus.
2. Salat ist ...*gesunder als*... Pommes.
3. Die Pyramiden in Ägypten sind ...*berühmter als*... der Kölner Dom.
4. Die Mona Lisa ist international ...*modern wie*... Madonna.
5. Der MP3-Player ist ...*älter als*... der CD-Player.
6. Ein Auto fährt ...*schneller als*... ein Bus.
7. Der Weg von München nach Hamburg ist ...*weiter als*... der Weg von München nach Berlin.

6 Weltrekorde. Ergänzen Sie zuerst die Superlative. Schreiben Sie dann Antworten auf die Fragen. Die Informationen unten helfen.

1. Welche Internetadresse war ...**am teuersten**... (teuer)?
   b *Die Internetadresse business.com war am teuersten.*

2. Welche Insel ist ...**am größten**... (groß)?
   d ....

3. Welches Land ist ....(lang)?
   e ....

4. Welche Universität in Südamerika ist ....(alt)?
   c ....

5. Welche deutsche Stadt hat ....(viel) Einwohner?
   a ....

---

a) Die Hauptstadt von Deutschland hat fast 3 340 000 Einwohner. Sie ist nicht nur die größte Stadt in Deutschland. Berlin ist auch die zweitgrößte Stadt Europas.

b) Marc Ostrofsky aus Texas hat die Adresse business.com am 1. Dezember 1999 für 7,5 Millionen US-Dollar verkauft.

c) Die Universität San Marcos in Lima, Peru, ist über 450 Jahre alt. Es gibt sie schon seit 1551.

d) Viele meinen, Australien ist die größte Insel der Welt, aber Australien ist eigentlich ein Kontinent. Grönland ist mit 2,2 Millionen m² die größte Insel der Welt.

e) Das Land Chile ist im Westen Südamerikas. Im Norden von Chile liegt Peru, im Nordosten Bolivien und im Osten Argentinien. Das Land ist 4329 km lang. Kein anderes Land der Welt ist länger!

7 Warum ...? – Weil ...

a) Schreiben Sie Fragen mit warum.

1. b du – Sport machen — Warum machst du Sport?
2. ▪ Anna – Portugiesisch lernen — Warum lernt Anna ~~book~~
3. ▪ die Kinder – nicht draußen spielen — Warum spielt die Kinder nicht d...
4. ▪ du – so viel Kaffee trinken — Warum trinkst du
5. ▪ ihr – einen Deutschkurs machen — Warum macht ihr einen
6. ▪ Sie – eine Regenjacke anziehen — Warum ziehen sie eine Regenjacken.

b) Ordnen Sie die Antworten.

a) kalt – es – zu – ist
Weil es kalt zu ist.

b) möchte – fit – ich – bleiben
Weil ich fit bleiben möchte.

c) bin – ich – müde – sehr
Weil ich sehr müde bin.

d) sie – ein – in – Praktikum – Brasilien – Jahr – nächstes – macht
Weil sie ein Praktikum ein Jahr in Brasilien macht

e) regnet – es
Weil es regnet.

f) wir – studieren – Österreich – in – wollen
Weil in Österreich studieren wollen

c) Ordnen Sie die Antworten aus Aufgabe b) den Fragen aus Aufgabe a) zu.

8 „Mama lernt Deutsch". Schreiben Sie Sätze mit weil.

1. In Deutschland leben viele Familien aus dem Ausland. Oft sprechen die Mütter nur wenig oder gar kein Deutsch. <u>Sie haben nur wenig Kontakt zu Deutschen.</u>

   Oft sprechen die Mütter nur wenig oder gar kein Deutsch, weil sie nur wenig Kontakt zu Deutschen haben.

2. Die Mütter können den Kindern oft nicht bei Problemen mit den Hausaufgaben helfen. <u>Sie verstehen die Sprache nicht.</u>

   Oft können die Mütter nicht bei den Hausaufgaben helfen, ...

3. <u>Besonders die Mütter von Schulkindern brauchen Hilfe.</u> In Bayern gibt es seit 2003 das Projekt „Mama lernt Deutsch".

   In Bayern gibt es seit ein paar Jahren das Projekt „Mama lernt Deutsch", ...

4. Der Unterricht findet ein halbes Jahr lang zweimal pro Woche vormittags statt. <u>Die meisten Kinder sind am Vormittag in der Schule.</u>

   Der Deutschunterricht findet vormittags statt, ...

5. Der Deutschunterricht findet in Schulen statt. <u>Die Mütter können so die Schulen kennen lernen.</u>

   Der Unterricht ist in Schulen, ...

6. Das Projekt „Mama lernt Deutsch" ist viel mehr als ein Sprachkurs. <u>Die Mütter finden im Kurs auch neue Freundinnen.</u>

   Das Projekt ist mehr als ein Sprachkurs, ...

9 **Michael Sommer lernt eine neue Kollegin kennen.** Ordnen Sie den Dialog.

- 4 Ich bin auch erst gestern Abend aus Hongkong zurückgekommen.
- 9 Ich spreche Englisch und lerne noch Chinesisch. Und Sie?
- 1 Hallo. Sind Sie neu hier?
- 6 Marketing. Ich organisiere den Produktverkauf in Asien.
- 3 Ich heiße Michael Sommer. Willkommen in der Firma!
- 7 Wohin denn?

- ♦ 4 Vielen Dank! In welcher Abteilung arbeiten Sie?
- ♦ 5 Nach Osteuropa. Das ist aber nicht so weit. Sprechen Sie viele Sprachen?
- ♦ 2 Ja, ich habe vor einer Woche angefangen. Mein Name ist Elena Krawietz.
- ♦ 10 Neben Deutsch spreche ich noch Polnisch, das ist meine Muttersprache, Englisch und Russisch.
- ♦ 8 Das ist ja interessant. Ich muss auch bald viel reisen.
- ♦ 6 Marketing? Das ist auch meine Abteilung. Ich habe Sie aber noch nie hier gesehen.

2 Familienalbum

1 **Eine Leihoma für Paul.** Lesen Sie den Text. Lösen Sie dann die Aufgaben a) und b).

Das ist Oma May mit Paul. Paul ist jetzt schon fast drei Jahre alt. Seine Eltern, Martin und Lisa, haben vor fünf Jahren eine Wohnung gekauft und brauchen jeden Monat viel Geld für den Kredit. Leider konnte Lisa lange nicht arbeiten, weil sie keine Kinderbetreuung für ihren Sohn hatte. Jetzt geht der Kleine seit ein paar Monaten jeden Vormittag in den Kindergarten und Lisa arbeitet wieder bei ihrer alten Firma. Am Anfang hat sie nur von acht bis halb zwölf gearbeitet. Manchmal war Paul krank und Lisa ist nicht zur Arbeit gegangen. Das fand ihr Chef natürlich nicht gut.

Leihoma, 65, möchte nette Kinder betreuen, Tel.: 66 73 89 94

„Leihoma, 65, möchte nette Kinder betreuen, Tel.: 66 73 89 94", haben Pauls Eltern vor einigen Wochen in der Zeitung gelesen. Sie haben gleich angerufen. Frau May hat ihnen am Telefon erzählt, dass sie selbst drei Enkelkinder hat. Leider leben sie weit weg. Lisa und Martin haben sie am nächsten Sonntag zum Kaffee eingeladen. Paul hat sich sehr gefreut, weil die Leihoma gleich mit ihm gespielt hat.

Jetzt holt Oma May den kleinen Paul an vier Tagen in der Woche um zwei Uhr vom Kindergarten ab. Dann gehen sie oft auf den Spielplatz oder in den Park. Bei Regenwetter liest die Leihoma Paul Kinderbücher vor und Paul malt Bilder oder baut Häuser aus Lego. Um fünf Uhr bringt sie ihn mit dem Fahrrad wieder zu seinen Eltern.

Die Leihoma ist eine tolle Lösung für alle. Pauls Eltern sagen: „Frau May ist eine große Hilfe!" Lisa freut sich besonders, weil sie jetzt von Montag bis Donnerstag den ganzen Tag arbeiten kann. Am Freitag holt sie Paul im Kindergarten ab und am Wochenende hat Martin auch viel Zeit für ihn. Frau May sagt: „Ich habe endlich wieder etwas zu tun. Bis ich 62 Jahre alt war, habe ich immer gearbeitet. Seit ich Rentnerin bin, habe ich oft Langeweile gehabt. Jetzt bin ich viel aktiver." Und was sagt Paul? „Oma May ist toll!"

a) Was passt? Verbinden Sie die Sätze.

Lisa und Martin	1	a baut mit Oma May Häuser aus Lego.
Paul	2	b gehen manchmal zusammen auf den Spielplatz.
		c liest Kinderbücher vor.
		d hat jetzt keine Langeweile mehr.
Frau May, die Leihoma,	3	e hat keine Geschwister.
Lisa	4	f sind berufstätig.
		g haben lange auf einen Kindergartenplatz gewartet.
Martin	5	h hatte früher Probleme am Arbeitsplatz.
		i hat Enkelkinder.
Oma May und Paul	6	j arbeitet jetzt vier Tage in der Woche in der Firma.
		k hat nur am Wochenende viel Zeit für Paul.

b) Ergänzen Sie die Sätze wie im Beispiel.

1. Frau May sagt, *dass sie wieder etwas zu tun hat.*
   „Ich habe wieder etwas zu tun."

2. Lisa und Martin sagen, ...
   „Wir brauchen viel Geld für die neue Wohnung."

3. Frau May erzählt, ...
   „Ich habe früher immer gearbeitet."

4. Pauls Eltern sagen, ...
   „Wir haben die Leihoma in der Zeitung gefunden."

5. Lisa und Martin finden es gut, ...
   „Wir arbeiten beide wieder."

6. Sie sind der Meinung, ...
   „Frau May ist eine große Hilfe!"

7. Und Paul findet, ...
   „Oma May ist toll!"

2 Kinderbetreuung in Deutschland. Ergänzen Sie.

mehr als – gern – viele – ~~weniger~~ – zu wenig – lieber – wenigsten – zu wenig

In Deutschland gibt es immer ....*weniger*........¹ Kinder. Ein Grund ist, dass Arbeiten gehen und Kinder haben oft Probleme macht, weil es ....² Kindergartenplätze für Kinder unter drei Jahren gibt. ....³ Frauen möchten ....⁴ Kinder, wollen aber ....⁵ zuerst ein paar Jahre in ihrem Beruf arbeiten. In der traditionellen Großfamilie war die Mutter Hausfrau oder die Großeltern und Geschwister haben noch auf die Kleinsten aufgepasst. Heute ist das ganz anders.

Im europäischen Vergleich gehört Deutschland zu den Ländern mit den ....⁶ Kindergartenplätzen. Das will die Bundesregierung jetzt ändern. Bis 2010 sind 230 000 neue Plätze für Kinder unter drei Jahren geplant. Das ist sicher immer noch ....⁷. Aktuelle Statistiken sagen, dass in ganz Deutschland weit ....⁸ eine Million Kindergartenplätze fehlen.

3 Wortschatz Familie

a) Lilly erzählt. Ergänzen Sie den Text und die Grafik.

```
                    ⚭ Johann
            ┌──────────┴──────────┐
    ………… ⚭ Hans          Monika ⚭ Greg
     ┌──────┼──────┐           ┌──────┐
    Jan  Luisa  Marie        Lilly   Tom
```

Mein Vater ist Engländer und heißt ……Greg……¹. Wir leben in London. Zu Weihnachten fahren wir jedes Jahr zu unseren ……Großeltern……² nach Deutschland. Das sind die ……Eltern……³ von meiner Mutter. Mein kleiner ……Bruder……⁴ Tom kommt auch mit. Mein Opa heißt ……Johann……⁵ und meine ……Oma……⁶ Erika. Sie freuen sich immer sehr über unseren Besuch. In Deutschland besuchen wir auch immer ……Onkel……⁷ Hans. Seine Frau, meine ……Tante……⁸ Inge, sagt immer, dass ich sehr gut Deutsch spreche. Das ist ja auch kein Wunder, weil meine ……Cousine……⁹ Marie, die ……Tochter……¹⁰ von Onkel ……Hans……¹¹, immer Deutsch mit mir spricht. Marie hat zwei ……………¹². Ihre ……Schwester……¹³ heißt Luisa und ihr Bruder heißt ……Jan……¹⁴. Er ist schon dreizehn.

b) Sehen Sie sich Aufgabe a) noch einmal an. Was passt? Kreuzen Sie an.

1. Erika ist Inges
   a) ☐ Mutter.
   b) ☒ Schwiegermutter.
   c) ☐ Tochter.

2. Greg ist der … von Erika und Johann.
   a) ☐ Onkel
   b) ☐ Enkel
   c) ☒ Schwiegersohn

3. Tom ist der … von Jan, Luisa und Marie.
   a) ☒ Cousin
   b) ☐ Sohn
   c) ☐ Bruder

4. Die Kinder von Hans und Monika sind
   a) ☐ Cousinen.
   b) ☐ die Enkel von Erika und Johann.
   c) ☐ Geschwister.

5. Greg ist Monikas
   a) ☐ Bruder.
   b) ☒ Mann.
   c) ☐ Vater.

6. Die … von Hans lebt in England.
   a) ☐ Cousine
   b) ☐ Tochter
   c) ☒ Schwester

4 Besuch bei der Familie in Indonesien. Schreiben Sie Sätze.

a) Aqil kommt aus Bandung. Das ist eine große Stadt auf der indonesischen Insel Java. Er lebt in Zürich. Im letzten August hat er seine Familie besucht und viele Geschenke mitgebracht. Was hat er seiner Familie geschenkt?

Lerntipp 🎁 = Akkusativ

1. Großmutter – Radio
2. Eltern – Buch über Zürich
3. Bruder – Uhr
4. Schwester – Teddy

1. *Er hat seiner Großmutter ein Radio geschenkt.*
2. ....
3. ....
4. ....

b) Mayang kommt auch aus Indonesien. Sie arbeitet in Deutschland und verdient ganz gut. Im letzten Monat hat sie eine Geschäftsreise nach Jakarta gemacht und auch gleich ihre Familie besucht. Was hat sie mitgebracht?

1. Vater – Kamera

2. Mutter – Kleid
3. Großeltern – Fernseher
4. Schwester – Deutschkurs auf CD
5. Bruder – Computerspiel

1. *Sie hat ihrem Vater eine Kamera geschenkt.*
2. ....
3. ....
4. ....
5. ....

Einheit 2

5 Meine Wohngemeinschaft. Ergänzen Sie alle Informationen im Dativ. Ergänzen Sie auch die Buchstaben. Wie heißt das Lösungswort?

Michael studiert in Berlin und wohnt in einer Wohngemeinschaft. In diesen Semesterferien besucht er seine Eltern in Hamburg. Er zeigt seinem Vater ein Foto von seinen Mitbewohnern.

die besten Partys (Z) – die grüne Hose (M) – unser gemütliches Wohnzimmer (O) – die langen Haare (E) – die letzte Woche (H) – ~~meine netten Mitbewohner (W)~~ – eine tolle Wohngemeinschaft (N) – das alte Sofa (M) – die ganze Stadt (I) – eine große Lebensmittelfirma (R)

- ■ Auf diesem Foto siehst du mich mit .... *meinen netten Mitbewohnern* ....¹ **W**

  in ....². Das Foto habe ich

  erst in ....³ gemacht.

- ◆ Das sieht ja interessant aus. Hast du eigentlich gewußt, dass ich als Student auch

  in ....⁴ gelebt habe?

- ■ Klar! Das hast du schon mindestens hundertmal erzählt.

  Ihr wart die Leute mit ....⁵

  in ....⁶.

- ◆ Das stimmt. Naja, ist schon lange her ...

- ■ Also, der junge Mann hier vorne links auf ....

  ....⁷ heißt Samuel. Er kommt aus den USA. Die Frau in

  ....⁸ ist seine Freundin

  Marie. Sie kommt oft vorbei, aber sie wohnt nicht bei uns.

- ◆ Und wer ist die Frau mit ....⁹ ?

  Ist das deine Freundin?

- ■ Nein, das ist meine Mitbewohnerin Elena aus Polen. Sie arbeitet in Berlin bei

  ....¹⁰.

Lösungswort **W** _ _ _ _ _ _ _ _ _ _
            1 2 3 4 5 6 7 8 9 10

6 **Leben in einer Großfamilie.** Das sagen die sechs Kinder der Familie Schneider. Schreiben Sie die Aussagen in Nebensätzen mit *dass*.

1. *Ich finde eine große Familie toll!* — Sophia, 7
   Sophia sagt, *dass sie eine große Familie toll findet.*

2. *Ich habe zwei Schwestern und drei Brüder.* — Leon, 9
   Leon sagt, ...

3. *Alle helfen im Haushalt mit.* — Michael, 13
   Michael sagt, ...

4. *Ich möchte später auch so viele Kinder haben.* — Gerd, 5
   Gerd sagt, ...

5. *Die Großen helfen den Kleinen bei den Hausaufgaben.* — Hannes, 11
   Hannes sagt, ...

6. *Ich muss immer auf die Kleinen aufpassen.* — Marlene, 16
   Marlene sagt, ...

7 **Familiengeschichten.** Ordnen Sie die Nebensätze und ergänzen Sie *dass* oder *weil*.

1. Ich glaube, Florian hat seinen kleinen Schwestern nicht gesagt, *dass er morgen eine Party gibt.*
   (eine – er – morgen – gibt – Party)

2. Oma findet es nicht gut, ...
   (deine – besuchst – Eltern – nicht – du – öfter)

3. Wir fahren dieses Jahr nicht in Urlaub, ...
   (mein – arbeitslos – ist – Vater)

4. Mareike ist nur am Wochenende bei ihrem Vater, ...
   (Eltern – geschieden – ihre – sind)

5. Lukas hat mir erzählt, ...
   (heiratet – nächstes – Schwester – Jahr – seine)

Einheit 2

15

fünfzehn

8 Genitiv mit s. Antworten Sie.

1. Ist das die Freundin von Jürgen?
   Nein, das ist nicht Jürgens Freundin.

2. Sind das die Kinder von Ute und Martin?
   Ja, ...

3. Herr Akbar, kennen Sie die Eltern von Karin?
   Ja, ...

4. Gehst du mit der Schwester von Eva ins Konzert?
   Nein, ...

5.  Hast du die Adresse von Tante Monika?
   Ja, ...

6. Hat Peter das Portemonnaie von Mama gefunden?
   Nein, ...

9 Eine Einladung schreiben. Ordnen Sie den Text und schreiben Sie die Einladung.

und Freunde! – ziehen am Samstag um. – Renate und Mustafa – ist im dritten Stock. – am 1. Juni ab 15 Uhr in – Wir freuen uns – Unsere Wohnung – Die Einweihungsparty findet – mit Balkon gefunden und – der Goldstraße 17 statt. – ~~Liebe Freundinnen~~ – ~~Wir haben eine schöne Wohnung~~ – auf euch!

Liebe Freundinnen

Wir haben eine schöne Wohnung

10 Was sagt man in diesen Situationen? Ordnen Sie zu.

1. c Herzlichen Glückwunsch zum Examen!
2. d Es tut mir so leid! Er/Sie war ein netter Mensch.
3. ☐ Herzlichen Glückwunsch zur Hochzeit!
4. ☐ Herzliches Beileid!
5. ☐ Wir wünschen euch alles Gute!
6. c Herzlichen Glückwunsch zum Geburtstag!
7. ☐ Mein Beileid!
8. c Ich wünsche dir/Ihnen alles Gute zum Geburtstag!
9. f Herzlichen Glückwunsch zum Baby!
10. ☐ Gute Besserung!

11 Das war 2006. Wiederholen Sie die Ordnungszahlen und lesen Sie laut.

1. Am .... *zwanzigsten Ersten* .... hat meine Schwester geheiratet. (20. Januar)

2. Am .... hat mein Vater seinen 65. Geburtstag gefeiert. (31. März)

3. Am .... haben Mareike und Bernd ihre Tochter Lena bekommen. (11. Mai)

4. Am .... war der 35. Hochzeitstag von meinen Eltern. (2. Juni)

5. Am .... haben wir Stefans Examen gefeiert. (4. September)

6. Am .... war Opas Beerdigung. (7. Oktober)

3 Reisen und Mobilität

1 Der Fahrkartenautomat. Lesen Sie den Text und ordnen Sie die Bilder zu.

Der Fahrkartenautomat ist oft der schnellste Weg zur Fahrkarte für Bahn, Straßenbahn, U-Bahn und Bus. An vielen kleinen Haltestellen gibt es nur einen Fahrkartenautomaten. Manchmal kann man die Fahrkarte aber auch direkt beim Busfahrer oder am Automaten in der Straßenbahn bekommen.
Viele Menschen kaufen nicht so gern am Automaten eine Fahrkarte. Sie sagen, dass das zu kompliziert ist. Es ist aber wirklich ganz einfach und viele Automaten funktionieren ähnlich. So geht's:

1. f Suchen Sie Ihr Fahrziel in der Ortsliste. Neben dem Ziel finden Sie eine Nummer.
2. b Geben Sie die Nummer über die Tastatur ein.
3. g Wählen Sie eine Fahrkarte, zum Beispiel 1 Erwachsener. Für Ihr Fahrrad oder Ihren Hund müssen Sie auch eine Fahrkarte kaufen! Für Kinder bis 6 Jahren müssen Sie nichts bezahlen.
4. d Der Monitor zeigt Ihnen den Preis an.
5. e Sie können mit Geldscheinen und Münzen bezahlen. Manchmal können Sie auch mit Bankkarte oder Kreditkarte bezahlen.
6. a Der Automat druckt jetzt Ihr Ticket, dann bekommen Sie die Fahrkarte.
7. c Jetzt müssen Sie die Fahrkarte noch entwerten. Das können Sie auf dem Bahnsteig oder in der Bahn machen.

2 Eine Fahrkarte am Automaten kaufen. Ordnen Sie den Dialog.

Carlotta aus Schweden ist gerade in Bonn angekommen. Sie möchte ihre Freundin Anna in Bonn/Limperich besuchen und muss noch eine Fahrkarte für die S-Bahn kaufen. Sie ruft Anna an.

Anna

- ▪ *1* Hallo, hier ist Anna Gutenberg.
- ▪ ☐ Die Nummer musst du mit der Tastatur rechts eingeben. … Bist du fertig?
- ▪ ☐ Das macht nichts. Hast du einen 10-Euro-Schein? Der Automat gibt dir das Restgeld zurück.
- ▪ ☐ Du brauchst nur eine Fahrt, also eine einfache Fahrt. Ich bringe dich morgen mit dem Auto zum Bahnhof zurück.
- ▪ ☐ Da ist ein Fahrkartenautomat.
- ▪ ☐ Du kannst noch nicht bezahlen. Du musst zuerst noch die Fahrkarte wählen. Nimm einen Fahrschein für eine Erwachsene. Siehst du das Symbol?
- ▪ ☐ Du sollst die Linie 64 nach Ramersdorf nehmen. Hast du schon eine Fahrkarte?
- ▪ ☐ Die kommt in circa fünf Minuten. Du musst in Limperich aussteigen. Ich hole dich an der Haltestelle ab. Bis gleich!
- ▪ *3* Nimm die 64 in Richtung Ramersdorf.
- ▪ ☐ Das ist ganz einfach. Links siehst du die Liste mit Zielorten. Such Limperich.

Carlotta

- ◆ *2* Hallo Anna. Ich bin's, Carlotta. Ich komme gleich. Ich bin jetzt am Bertha-von-Suttner-Platz. Welche S-Bahn-Linie fährt denn nach Limperich?
- ◆ ☐ Danke, das ist schön. So, jetzt zeigt der Monitor den Preis. 2,10 Euro. Ich habe aber kein Kleingeld.
- ◆ ☐ Nein, wo kann ich denn eine Fahrkarte kaufen?
- ◆ ☐ Das ist ja ganz einfach! So, jetzt habe ich mein Ticket. Hoffentlich kommt die nächste Bahn schon bald.
- ◆ ☐ Wie bitte? Welche Linie? Ich kann dich nicht verstehen, es ist so laut hier.
- ◆ ☐ Ein Symbol? Ach so, ja. Welchen Fahrschein brauche ich denn jetzt?
- ◆ ☐ Prima! Bis gleich!
- ◆ ☐ Moment. Ja, hier steht Limperich. Da ist auch eine Nummer.
- ◆ ☐ Ah ja. Ich habe ihn gefunden, aber ich habe noch nie eine Karte am Automaten gekauft. Wie geht das?
- ◆ ☐ Moment. Ja, ich habe die Nummer eingegeben. Wie kann ich denn jetzt bezahlen?

3 Im Reisebüro. Ergänzen Sie passende Verben.

- Travel-Reisebüro. Guten Tag, Sie ....wünschen..........¹ bitte?
- Guten Tag, ich ....h..........² gern einen Flug von Hamburg nach Rom.
- Wann wollen Sie denn in Rom ....s..........³?
- Ich möchte am 23. Februar vormittags in Rom ....a..........⁴. Ich ....b..........⁵ dort eine Konferenz. Sie ....b..........⁶ um 18 Uhr und ich möchte vorher noch schnell ins Hotel und am Nachmittag das Kolosseum ....b..........⁷.
- Kein Problem. Sie können den Flug um 7.30 Uhr ....n..........⁸. Wann ....w..........⁹ Sie denn zurückfliegen?
- Am 26. Februar.
- Einen Moment. Ja, das ....g..........¹⁰.
- Was ....k..........¹¹ das Ticket?
- Das ....m..........¹² hin und zurück 252 Euro.
- In Ordnung. Kann ich mit Kreditkarte ....b..........¹³?
- Ja, natürlich. Möchten Sie in Rom vielleicht auch ein Auto ....m..........¹⁴?
- Nein, danke.
- Soll ich ein Hotelzimmer für Sie ....r..........¹⁵?
- Nein. Ich ....br..........¹⁶ nur das Flugticket.
- Gern. Dann ....g..........¹⁷ Sie mir bitte Ihren Namen und Ihre Kreditkartennummer.

4 Reisende auf dem Frankfurter Flughafen

a) *Machen* oder *besuchen*? Was passt? Kreuzen Sie an.

	machen	besuchen
1. Freunde oder Verwandte	☐	☐
2. eine Konferenz	☐	☐
3. eine Reise	☐	☐
4. Urlaub	☐	☐
5. eine Radtour	☐	☐
6. eine Buchmesse	☐	☐

b) Wo waren die Personen? Was vermuten Sie? Ergänzen Sie die Sätze mit den Informationen.

~~Geschäftsreise nach London~~ – Urlaub – Buchmesse – Informationsreise nach China – Konferenz in Moskau – Freundin – Radtour durch Irland

1. Der Mann trägt einen dunklen Anzug und hat einen kleinen schwarzen Koffer in der rechten Hand. Unter dem linken Arm hat er eine englische Zeitung.

   Ich glaube, dass er *eine Geschäftsreise nach London gemacht hat.*

2. Die Frau trägt eine helle Bluse, eine dunkelrote Jeansjacke und eine schwarze Hose. Sie liest eine Zeitschrift und trägt eine rote Tasche vom Cornelsen Verlag.

   Wahrscheinlich ....

3. Der Mann und die Frau tragen große Sonnenhüte, Sonnenbrillen, bunte T-Shirts und Jeans. Sie sehen wie Touristen aus.

   Ich denke, dass ....

4. Drei junge Frauen gehören zu einer Reisegruppe. Sie sehen sehr müde aus und tragen große Kamerataschen. Sicher hatten sie einen langen Flug.

   Vielleicht ....

5. Dieser junge Mann steht in der Ecke und träumt. Er hat Lippenstift im Gesicht.

   Ich glaube, er ....

6. Die Frau trägt bequeme dunkle Kleidung. Sie hat ihren warmen Wintermantel ausgezogen. In ihrer rechten Hand hat sie eine Notebooktasche. Sie liest ein Buch auf Russisch.

   Wahrscheinlich ....

7. Dieser junge Mann sieht sehr sportlich aus. Er hat eine Fahrradtasche unter dem Arm und ein Fitnessgetränk in der Hand.

   Ich meine, dass ....

5 Unterwegs im Flugzeug. Ergänzen Sie *wollen, müssen, dürfen* und *können*. Denken Sie auch an die Verbform.

1. Unser internationales Servicepersonal ......*kann*...... Ihnen in über zehn Sprachen helfen.

2. Viele Fluggäste .... im Flugzeug nicht so gerne in der Mitte sitzen. Sie sitzen lieber am Fenster.

3. Ihre Reisetasche für unterwegs .... nicht schwerer als acht Kilo sein.

4. Auf unseren Flügen ist Rauchen verboten. Sie .... auch nicht in den Toiletten rauchen!

5. Auf langen Flügen .... sich die Fluggäste Videos ansehen oder Musik hören.

6. Sie .... Musik hören? Sie .... unser Servicepersonal nach einem Kopfhörer fragen.

7. Beim Start und bei der Landung .... Sie alle elektrischen Geräte wie Computer oder MP3-Spieler ausmachen.

8. Sie .... Ihren Sessel jetzt wieder in die senkrechte Position bringen. Wir landen bald.

9. Der Pilot sagt, wir .... noch nicht aussteigen, weil die Treppe noch nicht da ist. Wir .... noch etwas warten.

6 Tipps für die Reise. Ergänzen Sie *sollen*. Achten Sie auf die Verbform.

1. Ute hat gesagt, dass ich in der Türkei Kaffee kaufen ......*soll*...... .

2. Rebecca meint, dass du in Kenia nur Mineralwasser trinken ....

3. Wir haben Peter gesagt, dass er im Urlaub mit seinem Geld aufpassen ....

4. Der Arzt sagt, dass wir uns in Österreich gut ausruhen und viel wandern ....

5. „Vergesst nicht, dass ihr in China viele Fotos machen ....!"

6. Sag deinen Freundinnen, dass sie in Spanien nicht den ganzen Tag am Strand in der Sonne liegen .... Das ist nicht gesund!

7. Frau Sommer, der Chef sagt, dass Sie in München die Firmenkreditkarte benutzen ....

8. Ich weiß nicht, was ich in den Ferien machen .... Hast du eine Idee?

7 *Und, aber, oder.* Was passt? Ergänzen Sie.

1. Ich kann Ihnen das Zimmer von Montag bis Freitag reservieren, ...*aber*.... am Wochenende ist leider nichts mehr frei.

2. Sie können mit dem ICE .... mit dem Regionalexpress von Berlin nach Hannover fahren. Das ist billiger, ... nicht ganz so schnell wie die Fahrt im ICE.

3. Ihr könnt heute Nachmittag zuerst das Museum besuchen .... danach in die Stadt gehen. .... ihr geht zuerst in die Stadt, ... dann habt ihr nicht mehr viel Zeit für die Ausstellung.

4. Möchten Sie eine Fahrkarte in der 1. .... lieber in der 2. Klasse?

5. Wohin soll ich fahren? In die Schweiz .... nach Italien? – Fahr doch von München über Bern nach Venedig. Dann warst du in der Schweiz .... in Italien!

6. Ich möchte Urlaub am Meer machen, ... meine Frau will lieber in die Berge.

8 *Reiseplanung.* Formulieren Sie Fragen.

wie – ~~wo~~ – wohin – was – wann

1. du – Urlaub machen: Türkei – Kenia?
- ▪ *Wo machst du Urlaub? In der Türkei oder in Kenia?*
- ◆ Kenia ist mir zu weit. Ich fahre in die Türkei.

2. ich – reservieren – sollen: Einzelzimmer – Doppelzimmer?
- ▪ ....
- ◆ Bitte reservieren Sie ein Einzelzimmer für mich.

3. Sie – ankommen: Montag – Dienstag?
- ▪ ....
- ◆ Wir kommen am Montag an und reisen am Donnerstag wieder ab.

4. du – lieber fahren: Strand – Berge
- ▪ ....
- ◆ Ich mache am liebsten Städtereisen. Am Strand oder in den Bergen langweile ich mich immer.

5. ihr – nach Italien fahren: Auto – Bahn
- ▪ ....
- ◆ Wir nehmen einen Nachtzug. Das ist viel bequemer als die lange Autofahrt.

Leben in Deutschland 1

1 Meine Nachbarn und ich

a) Lesen Sie die Texte und ordnen Sie die Fotos zu.

Ich kenne meine Nachbarn kaum. Man grüßt im Treppenhaus und das war's. Das finde ich auch gut, ich will meine Ruhe haben.
1

Ich habe eine kleine Tochter und unter mir wohnt eine Familie mit zwei Kindern. Die Kinder spielen oft zusammen, so habe ich die Müllers kennen gelernt. Jetzt trinken wir manchmal einen Kaffee zusammen.
2

Letzten Sonntag habe ich einen Kuchen gebacken und hatte ein Ei zu wenig. Da habe ich einfach meine Nachbarin gefragt. Das ist eine nette alte Dame.
3

Bei uns im Haus gibt es jedes Jahr im Sommer ein Hoffest. Manche Nachbarn sind sehr nett, manche mag ich weniger. Aber wir kennen uns alle.
4

Ich kenne nur die junge Frau von gegenüber. Der Postbote gibt ihr meine Pakete, wenn ich nicht zu Hause bin. Ich nehme natürlich auch ihre Pakete. Das funktioniert ganz gut.
5

b) Kennen Sie Ihre Nachbarn? Wie haben Sie sie kennen gelernt? Schreiben Sie einen Text.

Ich kenne meine Nachbarn | gut.
 | nicht gut.
 | gar nicht.

Ich kenne meine Nachbarn gut. Manchmal spielen die Kinder zusammen.

Einmal habe ich ... | ... getroffen.
Wir haben ... | ... zusammen geredet.
Unsere Kinder ... | ... gespielt.

2 Auf dem Hof. Beschreiben Sie das Foto.

> Rechts sind die Mülltonnen. Links stehen ...

3 Mitteilung an die Mieter. Lesen Sie den Text und kreuzen Sie an: Welche Aussagen sind richtig?

Liebe Mieter,

leider sind seit einiger Zeit die Mülltonnen zu voll und der Müll ist nicht richtig getrennt. Unsere Bitte: Achten Sie auf die richtige Tonne und werfen Sie z. B. kein Plastik oder Restmüll in die Papiertonne. Das spart Geld und schützt die Umwelt!

Vielen Dank für Ihre Hilfe!

Ihre Hausverwaltung

1. ☐ Es gibt zu viel Müll.
2. ☐ Man soll den Müll besser trennen.
3. ☐ Plastik gehört in die Papiertonne.
4. ☐ Man soll die Umwelt schützen.

Landeskunde

In Deutschland soll man den Müll getrennt sammeln. Glas, Papier und Verpackungen kommen in unterschiedliche Tonnen. Dann kann man die Materialien wieder verwerten (recyceln). Das macht die Müllberge kleiner und spart Rohstoffe.

Gelbe Tonne → Verpackungen mit dem ♻, aber kein Glas und Papier
Blaue Tonne → Altpapier (Zeitungen, Kartons, etc.)
Altglastonne → Flaschen
Braune Tonne → Biomüll (Obst- und Gemüsereste etc.)
Graue Tonne → Restmüll

4 Fahrkarten online.
Sie wollen von Jena nach Düsseldorf mit dem Zug fahren. Suchen Sie eine Verbindung im Internet unter www.bahn.de.

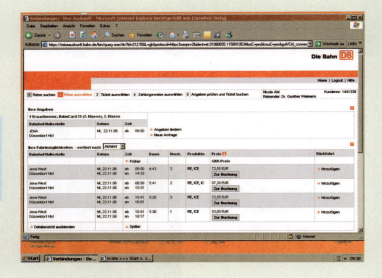

Abfahrt:
Ankunft:
Gleis:
Zug:

5 Auskunft im Zug.
Bringen Sie den Dialog in die richtige Reihenfolge.

- Ich möchte von Weimar nach Düsseldorf. Wann kann ich weiterfahren?
- Aber sicher! Womit kann ich Ihnen helfen?
- Bitte sehr! Darf ich Sie kurz noch etwas fragen?
- Moment, da muss ich schauen ... Wir kommen in Weimar um 10.57 Uhr an. Die nächste Verbindung geht um 11.04, aber da müssen Sie dreimal umsteigen. Am besten ist es, Sie fahren um 11.15 direkt mit dem ICE 1752 ab Gleis 3.
- 11.15 Uhr ab Gleis 3. Vielen Dank!
- **1** Ist in Jena noch jemand zugestiegen? In Jena noch ...? Sie sind zugestiegen? Dann Ihre Fahrkarte, bitte.

6 Ihr Reiseplaner.
Suchen Sie im „Reiseplaner" nach den Verbindungen und beantworten Sie die Fragen.

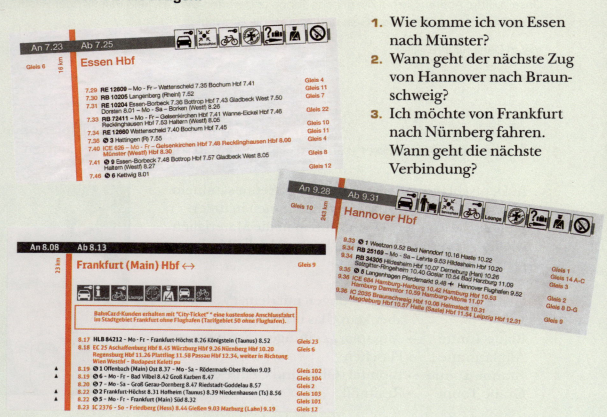

1. Wie komme ich von Essen nach Münster?
2. Wann geht der nächste Zug von Hannover nach Braunschweig?
3. Ich möchte von Frankfurt nach Nürnberg fahren. Wann geht die nächste Verbindung?

7 Ein Ausflug ins Grüne

a) Lesen Sie den Text und sehen Sie sich den Prospekt an.

Sami, Adam und Paulo besuchen zusammen einen Deutschkurs in Offenburg. Sami kommt aus dem Sudan, Adam aus Polen und Paulo aus Portugal. An einem Wochenende im August wollen sie in den Schwarzwald fahren. Dort möchten sie drei Tage auf einem Campingplatz verbringen. Sie lesen Prospekte von Campingplätzen am Titisee.

Campingplatz Bankenhof
Hinterzarten am Titisee/Hochschwarzwald

Besuchen Sie unseren Campingplatz direkt am Titisee.

Unser Platz ist sehr gut ausgestattet. Wir haben drei Waschräume mit Duschen, Waschbecken und Toiletten. Sie können unseren Fernsehraum und den Tischtennisraum nutzen. In unserem Lebensmittelladen finden Sie alles, was Sie brauchen. Unser Restaurant bietet Ihnen regionale Küche, die Sie bei schönem Wetter auch im Garten genießen können.
Sie finden hier viele Freizeitangebote. Man kann baden oder angeln, segeln und surfen. Viele Gäste machen gern Wanderungen oder Spaziergänge durch den Wald. Wenn Sie lieber Fahrrad fahren, können Sie bei uns Fahrräder und Mountainbikes leihen.

Wir freuen uns auf Ihren Besuch!

b) Paulo hat den Prospekt vom Campingplatz Bankenhof gelesen.
Adam und Sami stellen ihm Fragen. Beantworten Sie ihre Fragen.

1. Wo liegt der Campingplatz?
2. Welchen Sport kann man machen?
3. Kann man dort etwas einkaufen?
4. Wo können wir essen?

c) Was brauchen die drei Freunde für ihren Ausflug? Machen Sie eine Liste.

– gute Schuhe
– Badehose
– T-Shirts
– ...

Landeskunde

Viele Informationen bekommt man in Tourismusbüros, z. B. Prospekte über Ausflugsziele und Freizeitaktivitäten, Karten mit Wander- oder Fahrradwegen, Adressen von Campingplätzen, Pensionen, Hotels und Restaurants in der Region. Die Touristeninformationen sind meistens auch im Internet zu finden.

4 Aktiv in der Freizeit

1 **Erholen Sie sich in Ihrer Freizeit?** Lesen Sie den Text. Richtig oder falsch? Kreuzen Sie an und ergänzen Sie die Zeilennummern bei den richtigen Aussagen.

Freizeitstress. Haben Sie das Wort schon einmal gehört? Es ist Freitagabend und das Wochenende beginnt. Lisa möchte sich entspannen. Gerade will sie sich mit einem Glas Wein auf das Sofa setzen und etwas fernsehen, da klingelt das Telefon. Es ist Ute. Sie hat Stress, denn sie kann sich mal wieder nicht entscheiden: Soll sie mit Oleg zur Party bei Cem gehen oder mit Inga ins
5 Kino und danach in die neue Disko? Lisa ist das egal. Sie möchte auch nicht mitkommen.

Im Fernsehen sprechen gerade ein paar Experten über Freizeit. Ein Professor sagt, dass die Deutschen von 148 Stunden jede Woche bis zu 77 Stunden Freizeit haben. In dieser Zeit sollen wir uns erholen, Freunde treffen, im Garten arbeiten, lesen oder Sport machen. Aber der Arzt meint, dass zu viele Termine und Aktivitäten in der Freizeit nicht gesund sind. Viele Patienten
10 haben Freizeitstress. Sie sind oft müde und können sich bei der Arbeit nicht gut konzentrieren. Lisa denkt sofort an Ute. Das muss sie ihr erzählen!

Ihre Freundin ist fast immer unterwegs. Am Wochenende hat sie besonders viel zu tun. Das fängt schon am Freitagabend an. Da gibt es meistens eine Party oder sie geht mit Freunden tanzen. Am Samstag und Sonntag hat sie auch nie Zeit. Und am Montag ruft sie Lisa dann
15 wieder aus der Firma an und sagt, sie ist total kaputt. Vom Wochenende!

Lisa mag es lieber ruhig. Sie macht oft lange Spaziergänge, liest viel, hört gerne Musik, sieht manchmal abends fern, geht am Samstagvormittag auf den Markt und trifft sich sonntags mit Freunden. Manchmal geht sie am Wochenende ins Theater und in Ausstellungen oder besucht ihre Freunde und Familie, aber sie muss in ihrer Freizeit nicht immer etwas machen oder mit
20 anderen Menschen zusammen sein.

Schon wieder klingelt das Telefon. Jetzt ist es Oleg. Er fragt Lisa, was Ute heute Abend macht. Er wollte mit ihr auf die Party bei Cem gehen, aber sie hat ihn nicht angerufen und geht jetzt auch nicht ans Telefon. Lisa sagt ihm, dass sie es auch nicht weiß. Dann macht sie das Telefon und ihr Handy aus. Gleich beginnt ein schöner Film. Endlich Ruhe!

	richtig	falsch	Zeile
1. Ute möchte auf eine Party oder ins Kino gehen.	X		4
2. Lisa möchte lieber zu Hause bleiben und sich entspannen.	X		2
3. Lisa sieht sich ein Gespräch zum Thema „Stress" an.		X	6
4. In Deutschland ist die Arbeitszeit kürzer als die Freizeit.		X	7
5. Der Arzt sagt, zu viel Freizeit ist nicht gesund.		X	8
6. Ute erholt sich am Wochenende gut.		X	12
7. Lisa kann in ihrer Freizeit auch gut allein sein.	X		19
8. Oleg sucht Ute.	X		22
9. Lisa weiß auch nicht, wo Ute ist.	X		

2 Zeitwörter. Ordnen Sie die Wörter und ergänzen Sie die Sätze.

1. Der Sommer ist die beliebteste ......Urlaubszeit......... . Viele fahren weg.   ZELUBRAUSIT
2. Die .... beim Arzt ist leider oft sehr lang.   ZEWATREIT
3. In meiner .... gehe ich gern ins Kino.   ZEREFIIT
4. Meine .... ist Montag bis Freitag von 9 bis 17 Uhr.   ZEABRTIESIT
5. Von 12 bis 14 Uhr ist .... Da machen wir Pause.   ZETTIMAGSIT
6. Welche .... findest du am schönsten?   ZEHRJAESIT
7. Die .... von Prof. Surmann fällt heute aus.   ZESPCHREIT
8. In unserer .... mussten wir morgens sehr früh aufstehen.   ZEUCLHSIT

3 Hobbys und Freizeitbeschäftigungen. Ergänzen Sie passende Verben.

reiten – fahren – gehen – mögen – ~~besuchen~~ – kochen – machen – sammeln – gehen – spielen – sehen – arbeiten

1. Pedro kann nicht gut tanzen. Er ......besucht........ einen Tanzkurs.
2. In ihrer Freizeit .... Sabine gern mit dem Fahrrad. Nächstes Wochenende .... sie mit ihren Freunden eine Radtour.
3. Herr Gerlach .... Postkarten und Briefmarken aus dem 19. Jahrhundert. Er .... an Wochenenden oft auf Flohmärkte.
4. Wei Jing .... schon seit zehn Jahren Klavier. Sie .... Jazz besonders gerne.
5. Christina mag Tiere, besonders Pferde. Am Samstag .... sie oft.
6. Maria .... sehr gerne. Am Wochenende lädt sie Freunde zum Essen ein.
7. Ich .... gerne ins Kino. Am liebsten .... ich Filme von Fatih Akin.
8. Meine Mutter .... am liebsten im Garten. Das ist ihr Hobby.

4 Was kann man in der Freizeit machen? Finden Sie passende Nomen?

1. .... schreiben.
2. *Zeitschriften* lesen.
3. .... sammeln.
4. .... fahren.
5. .... spielen.
6. Im .... singen.
7. .... machen.
8. In die .... gehen.
9. Ein .... für Freunde kochen.
10. .... lernen.

Z	A	B	T	B	C	D	E	F	G	E	R	B
E	L	A	U	R	B	U	C	K	L	K	A	A
I	L	B	R	I	E	F	M	A	R	K	E	N
T	U	E	I	E	D	N	A	L	N	E	L	D
S	N	N	N	F	G	L	G	P	E	U	L	U
C	T	D	G	E	E	D	I	S	K	O	U	N
H	R	E	S	I	B	A	T	O	N	I	C	F
R	U	S	T	Y	O	G	A	L	F	I	H	I
I	D	S	E	E	L	V	R	O	U	L	R	E
F	R	E	M	D	S	P	R	A	C	H	E	N
T	E	N	R	T	R	O	E	E	H	A	N	D
E	R	L	N	I	E	R	M	D	O	N	F	E
N	N	O	D	M	O	T	O	R	R	A	D	R

5 Reflexiv oder nicht? Kreuzen Sie an. Ergänzen Sie dann Reflexiv- und Personalpronomen.

　　　　　　　　　　　　　　　　　　　　　　　　　　　　　　ja　nein

1. Mach die Musik bitte leiser! Ich bin total müde und kann ......*mich*...... so nicht entspannen. ☒ ☐
2. Kannst du .... auf dem Foto finden? Ich bin die Kleine da vorne in der Mitte. Die anderen Mädchen sind meine Freundinnen. ☐ ☐
3. Freut ihr .... schon auf euren Urlaub in Amerika? ☐ ☐
4. Hast du heute schon in den Spiegel gesehen? Rasier .... mal! ☐ ☐
5. Wir duschen .... nach dem Training immer im Vereinshaus. ☐ ☐
6. Mein Bruder kann .... abends am besten konzentrieren. Dann liest er oft bis nach Mitternacht. ☐ ☐
7. Du willst zu Monika? Du kannst .... heute nicht besuchen. Sie ist seit gestern bei ihrer Schwester in Mannheim. ☐ ☐
8. Frau Moll hat .... erkältet. Sie kommt diese Woche nicht zur Arbeit. ☐ ☐
9. Helen ist meine Freundin. Wazlav findet .... nicht besonders attraktiv. Ich finde aber, dass sie interessant ist und toll aussieht! ☐ ☐
10. Hallo! Das ist Thomas. Ich habe .... im Tennisverein kennen gelernt. ☐ ☐
11. Hast du .... gestern nicht gesehen? Wir waren auch im Konzert. ☐ ☐

6 Reflexivpronomen und Präpositionen mit Dativ oder Akkusativ

a) Markieren Sie die richtigen Präpositionen und Akkusativ oder Dativ.

	für	über	mit	+ Akk.	+ Dat.
1. sich interessieren	X			X	
2. sich ärgern					
3. sich treffen					
4. sich verabreden					
5. sich entspannen					
6. sich freuen					
7. sich entscheiden					
8. sich beschäftigen					

Ich interessiere mich für Yoga.

b) Antworten Sie.

1. ■ Trifft Mike Herrn Moll heute Nachmittag?
   ◆ Ja, ich glaube, er hat ......*sich mit Herrn Moll verabredet.*...... (sich verabreden)

2. ■ Meinst du auch, dass Martin der Lärm im Treppenhaus stört?
   ◆ Ja, er .... (sich ärgern)

3. ■ Findest du Fußball interessant?
   ◆ Ja, ich .... (sich interessieren)

4. ■ Wie geht es deiner Schwester? Hat sie meinen Brief bekommen?
   ◆ Ja, sie hat gesagt, dass sie ....
   (sich freuen)

5. ■ Wie findet ihr Philosophie? Ist die Vorlesung interessant?
   ◆ Es geht. Wir .... nicht so gern ....
   (sich beschäftigen). Aber der Professor ist ganz nett.

6. ■ Besuchst du am Wochenende deine Eltern oder Paula?
   ◆ Ich fahre dieses Wochenende nicht zu Paula. Ich habe ....
   .... (sich entscheiden)

7. ■ Was findest du entspannend? Musik?
   ◆ Ja, ich .... oft ....
   (sich entspannen)

8. ■ Gehst du heute Abend ins Kino oder besuchst du deinen Freund?
   ◆ .... (sich treffen). Vielleicht gehen wir dann noch ins Kino.

7 Reihenfolge. Benutzen Sie *zuerst*, *dann* und *danach*. Ergänzen Sie auch die Verben und Reflexivpronomen.

Morgens im Bad: .... Sandra .... ,
.... sie .... die Zähne und
.... sie sich ....

8 Was hast du gestern nach dem Unterricht gemacht? Sehen Sie sich die Bilder an und schreiben Sie mit den Wörtern passende Sätze.

1. Lebensmittel – bin – habe – nach – eingekauft – der – Mittag – dann – Straßenbahn – Hause – paar – Kantine – gefahren – gegessen – danach – ~~ich~~ – ich – ich – mit – in – ~~habe~~ – der – ~~zuerst~~ – ein – und

   Mark: *Zuerst habe ich*

2. Kino – mich – Post – Maria – ~~zuerst~~ – gegangen – getroffen – haben – Paket – danach – dann – mit – getrunken – einen – Mario – geschickt – gegangen – sind – ~~bin~~ – zur – Kaffee – ein – ins – habe – ich – habe – wir – und – und – wir – ~~ich~~

   Elena: *Ich bin zuerst*

9 Wie viele? Ergänzen Sie niemand, viele, wenige und alle.

1. 100% .....Alle..... im Kurs haben manchmal Probleme mit der Grammatik.
2. 5%   .... Kinder zwischen 4 und 10 Jahren dürfen alleine einkaufen.
3. 0%   .... soll auf meiner Party einschlafen!
4. 26%   .... interessieren sich für Briefmarken.
5. 75%   .... machen in ihrer Freizeit Sport.
6. 98%   Fast .... lernen gerne Deutsch.
7. 69%   .... fahren in den Sommerferien in Urlaub.

10 Emotionen und Ausrufe. Welche Reaktion passt am besten? Ordnen Sie zu.

1. Ich bin gestern vom Rad gefallen.
   a) ☐ Wie schön! Das möchte ich auch gerne einmal machen.
   b) ☒ So ein Pech! Wie ist das denn passiert?
   c) ☐ Oh! Das tut weh.

2. Martin hat sein Handy verloren.
   a) ☐ Iiih! Das mag ich nicht.
   b) ☐ Das hört sich nicht schlecht an! Wie ist das denn passiert?
   c) ☐ Ach du Schande! Schon wieder?

3. Pass auf! In dem Apfel ist ein Wurm!
   a) ☐ Aua! Das tut weh.
   b) ☐ Iiih!
   c) ☐ Oh! Er war sehr teuer.

4. Amira hat letztes Wochenende einen Marathonlauf gewonnen!
   a) ☐ Toll! Nicht schlecht.
   b) ☐ Geht so. Es war nicht so toll.
   c) ☐ Ach du Schande! Ist alles in Ordnung?

5. Ich habe gehört, dass du gestern einen Unfall hattest. Wie geht es dir?
   a) ☐ Geht so. Ich kann ein paar Tage nicht arbeiten.
   b) ☐ So ein Pech! Wie ist das denn passiert?
   c) ☐ Das hört sich gut an!

6. Meine Freundin hat mir die neue CD von Herbert Grönemeyer geschenkt.
   a) ☐ Oh, das habe ich nicht gewußt.
   b) ☐ So ein Pech! Wie ist das denn passiert?
   c) ☐ Toll! Ist die gut? Ich kenne sie noch nicht.

5 Medien

1 **Morgens um Viertel nach sieben in der Bahn.** Wer macht was?
Lesen Sie die Texte und kreuzen Sie an.

Thomas S., 16: „Mein Schulweg dauert etwas mehr als 45 Minuten. In der Bahn ist es aber nie langweilig. Unterwegs treffe ich schon ein paar Schulfreunde. Meistens machen wir noch schnell Hausaufgaben oder wir üben Vokabeln. Ich habe immer meinen MP3-Player dabei und höre gern Musik. Manchmal tausche ich mit meinen Freunden unterwegs Musik-CDs oder Videos. Ich finde es schade, dass man in der Bahn keine Internetverbindung hat."

Kerstin K., 34: „Ich fahre jeden Morgen mit der Bahn zur Arbeit nach Hamburg. Für mich dauert die ganze Fahrt so nur 30 Minuten. Das ist viel schneller als mit dem Auto und ich muss mich nicht auf den Verkehr konzentrieren und lange einen Parkplatz suchen. Unterwegs habe ich viel Zeit zum Lesen. Ich nehme mir immer die Zeitung von zu Hause mit. So bin ich gut informiert und weiß auch, was in der Welt passiert. Den Kulturteil lese ich besonders gerne! Ach ja, unterwegs höre ich auch gerne Radio. Das war ein Weihnachtsgeschenk von meinem Mann. Schön klein, oder?"

Wilhelm H., 60: „Ich fahre zum ersten Mal mit der Bahn in den Urlaub. Von Hamburg geht es für mich noch weiter nach Sylt. Für die Fahrt habe ich mir ein paar Zeitschriften und einen Roman eingepackt. Mein Sohn hat mir auch noch zwei Hörbücher und seinen kleinen CD-Spieler gegeben. Das kenne ich gar nicht, aber ich möchte es ausprobieren. Sicher ist es sehr entspannend. Jetzt weiß ich gar nicht, was ich zuerst machen soll."

Ralf T., 40: „Mein Auto ist kaputt. Also fahre ich heute mit der Bahn in die Klinik. Sicher komme ich zu spät zur Arbeit. Ich schreibe noch schnell eine SMS an meinen Kollegen. Bis jetzt habe ich unterwegs fast die ganze Zeit mit meiner Freundin telefoniert, weil ich die Fahrt so langweilig finde. Ich fahre viel lieber mit meinem Auto! Da kann ich im Radio die Morgennachrichten hören. Manchmal singe ich bei guten Liedern laut mit. In der Bahn kann ich das natürlich nicht machen. Aber zum Glück habe ich wenigstens meine Lieblingslieder auf meinem Handy gespeichert und kann bis Hamburg noch ein bisschen Musik hören."

Regina W., 39: „Ich reise beruflich sehr viel. Heute besuche ich in Hamburg einen wichtigen Kunden. Unterwegs bereite ich das Gespräch vor. Mein Notebook habe ich immer im Gepäck. Ich lese die Informationen über die Firma und schreibe Geschäftsbriefe. Manchmal spiele ich auch ein Computerspiel. Heute habe ich aber keine Zeit. Ich muss bis morgen noch einen Bericht für meinen Chef über meine letzte Geschäftsreise schreiben. Na ja, auf der Rückfahrt habe ich ja auch noch fast drei Stunden!"

	Thomas	Kerstin	Wilhelm	Ralf	Regina	
1.	☐	☐	☐	☐	☐	… fahren in der Woche jeden Morgen mit der Bahn.
2.	☐	☐	☐	☐	☐	… lesen unterwegs Zeitung, Zeitschriften oder Bücher.
3.	☐	☐	☐	☐	☐	… hören unterwegs Radio oder Musik.
4.	☐	☐	☐	☐	☐	… arbeitet in der Bahn am Computer.
5.	☐	☐	☐	☐	☐	… liest die Artikel über Literatur und Theater.
6.	☐	☐	☐	☐	☐	… ist beruflich viel unterwegs.
7.	☐	☐	☐	☐	☐	… benutzt die ganze Zeit ein Handy.
8.	☐	☐	☐	☐	☐	… spielt unterwegs gern Computerspiele.

2 Nachrichten in Spiegelschrift. Können Sie die Sätze lesen?
Nehmen Sie einen Spiegel. Lesen Sie laut und schreiben Sie die Sätze auf.

1. Hallo Sabine, ich möchte dich zu meiner Geburtstagsparty einladen.

   Hallo Sabine,

2. Denk an deinen Termin bei der Bank!

3. Ich habe auf dich gewartet. Wo warst du?

4. Willst du morgen mit mir ins Kino gehen?

5. Ich freue mich schon auf dich!

3 Zahlenschrift. Jede Zahl ist ein Buchstabe. Finden Sie die Wörter?
Dann haben Sie auch das Lösungswort.

1. __ __ __ __ __ __
   12 9 13 4 5 9

2. __ __ __ __ __ __ __ __
   7 4 5 15 16 4 17 4 5

3. __ __ __ __ __
   5 9 14 8 11

4. __ __ __ __ __ __
   2 4 8 1 3 15 10

5. T E L E F O N
   1 4 6 4 7 11 15

6. __ __ __ __ __ __ __ __
   8 15 1 4 5 15 4 1

Lösungswort: __ __ __ __ E __ __

Einheit 5

35

fünfunddreißig

4 Adjektive in Wortfeldern lernen. Welches Adjektiv passt nicht?

1. Temperatur — kalt – ~~windig~~ – warm – heiß
2. Mode — elegant – sportlich – altmodisch – gelb
3. Zeit — langweilig – schnell – bald – spät
4. Preis — preiswert – billig – günstig – gesund
5. Farbe — dunkel – bunt – hell – kaputt
6. Kleidung — bequem – modern – früh – warm
7. Auto — schnell – fröhlich – sicher – teuer
8. Ernährung — gesund – lecker – vegetarisch – lustig
9. Wohnung — teuer – hell – groß – schwierig
10. Beruf — interessant – langweilig – begeistert – anstrengend

5 Adjektivendungen wiederholen. Ergänzen Sie die Endungen der Adjektive im Akkusativ.

	maskulin	neutral	feminin	bestimmt	unbestimmt
1. Ich habe einen sehr alt**en** Fernseher.	✓				✓
2. Ich suche eine günstig___ Internetverbindung.	☐	☐	☐	☐	☐
3. Können Sie mir das billig___ Handy wirklich empfehlen?	☐	☐	☐	☐	☐
4. Ich habe am Wochenende ein sehr gut___ Buch gelesen.	☐	☐	☐	☐	☐
5. Hast du gestern den neu___ Film von Almodóvar gesehen?	☐	☐	☐	☐	☐
6. Markus hat einen modern___ MP3-Player.	☐	☐	☐	☐	☐
7. Kannst du mir die letzt___ CD von Sting mitbringen?	☐	☐	☐	☐	☐
8. Ich hätte gern die neu___ Frauenzeitschrift.	☐	☐	☐	☐	☐
9. Das ist das alt___ Telefon von meiner Oma. Es funktioniert noch richtig gut.	☐	☐	☐	☐	☐

6 Handynachrichten. Adjektive ohne Artikel im Nominativ oder Akkusativ. Ergänzen Sie die Adjektivendungen.

	maskulin	neutral	feminin	Nominativ	Akkusativ
1. Hatte lang**e** Woche. Heute zu müde für Sport.			✓		✓
2. Bin schon zu Hause. Ist kalt___ Abendessen o.k.?	☐	☐	☐	☐	☐
3. Habe wichtig___ Termin. Komme etwas später.	☐	☐	☐	☐	☐
4. Suche frei___ Parkplatz. Bin gleich da!	☐	☐	☐	☐	☐
5. Mache gleich kurz___ Kaffeepause. Hast du Zeit?	☐	☐	☐	☐	☐
6. Neu___ Chef ist wirklich nett! Kennst du ihn schon?	☐	☐	☐	☐	☐
7. Frisch___ Salat steht im Kühlschrank.	☐	☐	☐	☐	☐
8. Magst du modern___ Musik?	☐	☐	☐	☐	☐
9. Habe schön___ Wohnung gefunden.	☐	☐	☐	☐	☐
10. Alt___ Kinderwagen schon wieder kaputt. Kaufe jetzt neu___!	☐	☐	☐	☐	☐

7 Kinder und Medien. Formulieren Sie Nebensätze mit *dass*.

1. *Ich habe ein Handy, einen CD-Spieler und einen Fernseher.*
   Mia, 12 Jahre
   Mia sagt, dass sie ein Handy, einen CD-Spieler und einen Fernseher hat.

2. *Ich bekomme dieses Jahr einen Computer zum Geburtstag.*
   Lukas, 8 Jahre
   Lukas sagt, dass ....

3. *Meine Eltern sagen, ich bin noch zu jung für ein Handy.*
   Moritz, 7 Jahre
   Die Eltern von Moritz sagen, dass ....

4. *Ich darf jeden Tag eine Stunde fernsehen.*
   Helena, 9 Jahre
   Helena sagt, dass ....

5. *Ich spiele gerne Computerspiele.*
   Sophie, 6 Jahre
   Sophie sagt, dass ....

8 Weißt du, wo ...? Formulieren Sie indirekte W-Fragen.

1. (Wie viele Kinder sehen täglich fern?)
   ■ Wissen Sie, wie viele Kinder täglich fernsehen?
   ◆ Ja, ich habe gelesen, dass 83 % der Kinder in Deutschland täglich fernsehen.

2. (Wo gibt es hier Telefonkarten?)
   ■ Weißt du, ...
   ◆ Ich glaube, die gibt es an der Kasse.

3. (Was hast du gestern mit dem Computer gemacht?)
   ■ Kannst du mir sagen, ...
   ◆ Nichts Besonderes. Ich habe nur meine E-Mails gelesen.

4. (Welche Fernsehprogramme sind gut für Kinder?)
   ■ Wissen Sie, ...
   ◆ Nein, das weiß ich leider auch nicht.

5. (Wie funktioniert ein MP3-Player?)
   ■ Kannst du mir zeigen, ...
   ◆ Klar! Kein Problem.

9 Fragen und Nachfragen. Antworten Sie mit *ob* oder *dass*.

1. ■ Gehst du heute Nachmittag zum Computerkurs?
   ◆ Was hast du gesagt?
   ■ Ich habe gefragt, *ob du heute Nachmittag zum Computerkurs gehst.*

2. ■ Haben Sie den Brief für Herrn Jakob schon geschrieben?
   ◆ Ich kann Sie nicht verstehen. Können Sie bitte etwas lauter sprechen?
   ■ Ja, natürlich. Ich möchte wissen, ...

3. ■ Ich habe morgen einen wichtigen Termin in Köln.
   ◆ Was hast du gerade gesagt?
   ■ Ich habe gesagt, ...

4. ■ Kommt Herr Dupont in diesem Jahr mit zur Tourismusmesse nach Berlin?
   ◆ Was macht Herr Dupont denn in Berlin?
   ■ Sie haben mich falsch verstanden. Ich habe Sie gefragt, ...

5. ■ Fliegt Frau Moormann nächste Woche nach New York?
   ◆ Entschuldigung, ich habe nicht zugehört. Was haben Sie gesagt?
   ■ Bitte sagen Sie mir, ...

6. ■ Machen Sie für heute Nachmittag hundert Kopien von diesem Dokument.
   ◆ Was? Zweihundert? Warum denn so viele?
   ■ Nein, nicht zweihundert. Ich möchte, ...

7. ■ Ist die Reparatur an meinem Auto am Freitag fertig?
   ◆ Was haben Sie gesagt?
   ■ Ich möchte wissen, ...

8. ■ Hast du das Paket für Oma schon zur Post gebracht?
   ◆ Wie bitte?
   ■ Ich habe dich gefragt, ...

9. ■ Ich rufe dich morgen wieder an.
   ◆ Ich kann dich nicht verstehen. Was machst du morgen?
   ■ Ich habe gesagt, ...

10 **Medien und Kommunikation im Alltag.** Lesen Sie die Texte und ergänzen Sie.

Termine – ~~Alltag~~ – Fernsehen – Menschen – Nachrichten

Es gibt immer mehr Informations- und Kommunikationsmedien in unserem ....Alltag........¹. Manche Kinder machen schon am Telefon ....² mit ihren Freunden und immer mehr ....³ senden täglich SMS und E-Mails. Radio, ...⁴, Zeitungen und Internet bringen uns den ganzen Tag die neusten ....⁵ aus der ganzen Welt.

viel – viele – wenig – höher

Medien helfen uns bei der Orientierung im Alltag. Aber ....⁶ Menschen fragen sich, ob unsere Lebensqualität durch Informations- und Kommunikationsmöglichkeiten wirklich ....⁷ ist. Kann es sein, dass wir zu ....⁸ sehen, hören und lesen und zu ....⁹ verstehen?

keiner – meisten – andere – alle

Nicht ....¹⁰ Menschen können die modernen Medien nutzen. Die ....¹¹ haben einfach nicht genug Geld für eine digitale Kamera, ein Handy oder einen Computer. ....¹² haben genug Geld, aber sie interessieren sich nicht für moderne Medien und sie wissen oft auch nicht, was eine DVD ist oder wie ein MP3-Player funktioniert. Eine Zukunft ohne elektronische Medien kann sich aber ....¹³ mehr vorstellen.

6 Ausgehen

1 Zeit für Freizeit. Sehen Sie sich die Statistik an und verbinden Sie die Sätze.

Im Jahr 2000 sind Musik hören und Fernsehen **1**
Das war **2**
In den 60er und 70er Jahren sind die Westdeutschen noch am liebsten **3**
Das Freizeit- und Medienverhalten **4**
Essen gehen und Parties gehören im Jahr 2000 zum ersten Mal **5**
Freizeitbeschäftigungen wie Gartenarbeit oder Einkaufen, die in den **6**
Auch das Telefonieren, das 1995 noch beliebt war, **7**
Seit den 80er Jahren sind Freunde und Ausschlafen wichtiger **8**

a die beliebtesten Freizeitbeschäftigungen der Deutschen.
b 50er Jahren noch beliebt waren, stehen heute nicht mehr auf der Hitliste.
c ins Konzert gegangen, haben sich ausgeruht, Zeitung gelesen oder Radio gehört.
d als mit Kindern spielen und die Familie oder Nachbarn treffen.
e aber nicht immer so.
f zu den fünf beliebtesten Freizeitbeschäftigungen.
g gehört heute nicht mehr zu den fünf beliebtesten Freizeitbeschäftigungen.
h hat sich seit dieser Zeit sehr verändert.

2 **Auf dem Tisch.** Ergänzen Sie.

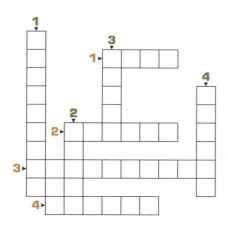

3 **Wortsalat.** Wie heißen diese Gerichte? Ordnen Sie die Wörter und ergänzen Sie die Artikel.

1. Kartoffelplatte — *der Kartoffelsalat*
2. Rumpsalat — *das Rump*
3. Käsesteak — ....

4. Tomateneis — ....
5. Vanilleteller — ....
6. Salatsuppe — ....

7. Fischstrudel — ....
8. Bauernstäbchen — ....
9. Apfelbrot — ....

10. Putenbrustkraut — ....
11. Butterstreifen — ....
12. Rotsauce — ....

Einheit 6

einundvierzig

4 Wortfeld Speisekarte. Ordnen Sie zu.

Speisen und Getränke

1. Tomatensuppe mit Sahnehaube
2. Hähnchenbrustfilet mit Broccoli und Reis
3. Vanilleeis mit Schokoladensauce
4. Mineralwasser
5. Frischer Kirschkuchen mit Sahne
6. Gemüseplatte mit Knoblauchsauce und Salzkartoffeln
7. Apfelsaft
8. Alkoholfreies Bier
9. Rindsroulade mit Rotkraut und Salzkartoffeln
10. Obstsalat mit Sahne
11. Wiener Schnitzel mit Pommes Frites und Buttergemüse
12. Französische Zwiebelsuppe
13. Griechischer Salatteller

	Vorspeise	Hauptgericht	Dessert	Getränk
1.	✓	☐	☐	☐
2.	☐	☐	☐	☐
3.	☐	☐	☐	☐
4.	☐	☐	☐	☐
5.	☐	☐	☐	☐
6.	☐	☐	☐	☐
7.	☐	☐	☐	☐
8.	☐	☐	☐	☐
9.	☐	☐	☐	☐
10.	☐	☐	☐	☐
11.	☐	☐	☐	☐
12.	☐	☐	☐	☐
13.	☐	☐	☐	☐

5 Im Restaurant. Ergänzen Sie die Sätze. Markieren Sie dann Gast (G) oder Kellner (K).

                                                        G   K

1. Kö_n_n_en w_i_r be_s_t_e_l_l_e_n? ✓ ☐
2. I__h br__ge I__n__n sof__ __ene n__ue G__bel. ☐ ☐
3. H__ __en S__e __ne W__nk__rte? ☐ ☐
4. __e Sup__ __i__t se__r sa__zig. ☐ ☐
5. __c__ f__ __ge gl__ch ma__ in __er K__ __he n__ch. ☐ ☐
6. Za__en, b__ __te. ☐ ☐
7. H__t es I__ __en ge__ __m__ckt? ☐ ☐
8. Si__ __ Si__ z__ __ieden? ☐ ☐
9. Ge__re__ __t __der __us__ __men? ☐ ☐
10. Und __as ni__ __st d__? ☐ ☐
11. Un__ __er Ru__ __ste__k ist w__ __klic__ s__hr __u__. ☐ ☐
12. Ha__e__ Sie s__ __h__n g__w__ __hlt? ☐ ☐

6 Zwei Dialoge im Restaurant. Ergänzen Sie die Dialoge.

a) Gut, dann nehme ich den Fisch.
b) Dauert das sehr lange? Meine Mittagspause ist gleich vorbei.
c) Können Sie den Fisch mit Curryreis empfehlen?
d) Ja. Bringen Sie mir bitte auch ein Glas Wasser und etwas Brot.
e) Das ist nett. Dann hätte ich gerne eine Tomatensuppe.
f) Nein, danke. Aber ich hätte später gerne einen Kaffee.
g) Ich möchte gerne bestellen.
h) Nein, das Steak ist ja ganz kalt. Ist das noch von gestern?
i) Bringen Sie mir bitte einen trockenen Weißwein.

Dialog 1

Ober: Sie wünschen?
Gast: ....

Ober: Kein Problem. Was darf es denn sein?
Gast: ....

Ober: Oh ja. Der ist heute Morgen ganz frisch vom Hamburger Fischmarkt angekommen.
Gast: ....

Ober: Und was möchten Sie trinken?
Gast: ....

Ober: Möchten Sie vielleicht auch ein Dessert?
Gast: ....

Ober: Also, einmal Fisch mit Curryreis und einen trockenen Weißwein. Kommt sofort. Den Kaffee serviere ich dann nach dem Essen.

Dialog 2

Ober: Schmeckt es Ihnen nicht?
Gast: ....

Ober: Oh, das tut mir leid. Ich bringe Ihnen ein neues Steak. Moment bitte.
Gast: ....

Ober: Naja, es kann 15 Minuten dauern. Wir laden Sie gerne zu einer Vorspeise ein.
Gast: ....

Ober: Kommt sofort. Haben Sie sonst noch einen Wunsch?
Gast: ....

7 Leute kennen lernen. Ergänzen Sie die Sätze mit Relativpronomen im Nominativ oder Akkusativ.

	Nom.	Akk.
1. Kennst du die Frau, ___die___ gerade mit Ruth spricht?	✓	☐
2. Ist das etwa der Typ, _____ du im Urlaub kennen gelernt hast?	☐	☐
3. Wie findest du den neuen Mitbewohner, _____ ich dir gestern vorgestellt habe?	☐	☐
4. Ist das das Kind, _____ so gut Klavier spielen kann?	☐	☐
5. Sie sind also der Student, _____ im letzten Jahr den Literaturpreis gewonnen hat.	☐	☐
6. Darf ich vorstellen? Das ist die Frau, _____ ich beim Speed-Dating getroffen habe.	☐	☐
7. Wer ist denn die da, _____ neben Thomas steht?	☐	☐
8. Da sind ja auch die Eltern von Gül, _____ ich letztes Jahr in Berlin getroffen habe.	☐	☐

8 Relativsätze. Schreiben Sie Sätze wie im Beispiel.

1. Utes Nachbarin: Sie heiratet morgen. Sie hat ihren Mann im Urlaub kennen gelernt.
   Utes Nachbarin, die morgen heiratet, hat ihren Mann im Urlaub kennen gelernt.

2. Der Mann: Er ist jetzt mein Yogalehrer. Er hat früher Spanisch unterrichtet.
   ....
   ....

3. Özgür: Er arbeitet jetzt bei Bayer in Leverkusen. Er hat in München Chemie studiert.
   ....
   ....

4. Gregor und Susanne: Sie leben und arbeiten jetzt in Kopenhagen. Sie kommen morgen.
   ....
   ....

5. Das Steak: Es hat dir so gut geschmeckt. Es war nicht sehr teuer.
   ....
   ....

6. Die Jazzbar: Sie ist in der Bergmannstraße. Sie feiert ihr 20-jähriges Jubiläum.
   ....
   ....

7. Der Student. Er hat den Test nicht mitgeschrieben. Er war krank.
   ....
   ....

9 Ausgehen. Ergänzen Sie die Sätze.

1. Jutta hört gern Jazz. / ~~Sie~~ – gehen – in – Jazzbar – gern – eine – würde
   Sie ....

2. Klaus trinkt gern Bier. / jetzt – Lust – auch – Er – hat – Bier – auf
   ....

3. Lisa und Tom sehen gern fern. / Fernsehabend – Lust – auf – haben – einen – oft – Sie
   ....

4. Olaf kocht manchmal gern. / gern – würde – Er – mit – kochen – Freunden
   ....

5. Jochen hat Hunger. / jetzt – Er – Bratkartoffeln – gern – essen – würde
   ....

6. Eva findet klassische Musik gut. / heute – gern – ins – gehen – Konzert – würde – Sie
   ....

10 *Mich* oder *mir*?

a) Ergänzen Sie die Tabelle.

	Nominativ	Akkusativ	Dativ
Singular	ich	mich	mir
	du		
	er/es/sie	..... /	..... / .....
Plural	wir		
	ihr		
	sie/Sie	..... /	..... / .....

b) Akkusativ (A) oder Dativ (D)? Markieren Sie und ergänzen Sie den Text.

1. Kann ich ......dich...... (du: **A**/D) morgen so gegen 15 Uhr mit dem Auto abholen?

2. Fährst du wirklich im Juli mit .... (sie (Pl.): A/D) nach Griechenland?

3. Meine neue Kollegin möchte gerne mit .... (wir: A/D) ins Kino gehen. Ist das ok?

4. Habt ihr Lust auf nette Leute und gute Musik? Wir nehmen .... (ihr: A/D) gerne mit zur Party.

5. Hast du Peters neuen Mitbewohner schon getroffen? Wie findest du .... (er: A/D)?

6. Michael hat endlich eine Freundin. Am Samstag geht er mit .... (sie: A/D) essen.

7. Ihr könnt .... (ich: A/D) gerne mal in Singapur besuchen!

Leben in Deutschland 2

1 Lesen Sie die Anzeigen und die Sätze. Welche Anzeige passt? Für einen Satz gibt es keine Lösung. Schreiben Sie hier den Buchstaben X.

1. Sie möchten Englisch lernen, vielleicht auch einen Kurs in England machen. Anzeige ☐

2. Sie möchten mit Freunden am Sonntagmittag chinesisch essen gehen. Anzeige ☐

3. Sie suchen eine billige Kaffeemaschine. Anzeige ☐

4. Sie brauchen zwei Holzstühle. Anzeige ☐

5. Sie möchten am Wochenende mit Ihrer Familie einen Kurzurlaub machen und suchen Freizeitangebote für Kinder. Anzeige ☐

6. Sie suchen einen Tennisverein. Anzeige ☐

a
CHINA-RESTAURANT
„Zum Lotusgarten"
Täglich geöffnet von 18 bis 23 Uhr.
Großer Garten.
☎ 06 11 / 23 55 91

b
Wo gibt's denn so was? Nur bei uns:
Elektro-König
Alt Praunheim 41, Frankfurt/Main
Tel. 069 / 76 75 03 94
Wir führen für Sie:
Haushaltsgeräte aller Art ab € 20,–.
Wir geben 24 Monate Garantie.

c
Tischtennisverein Weende
sucht nette Mitspieler
☎ 06151/2359

d
Sprachschule LINGUA
Sprachkurse: Englisch, Französisch, Italienisch, Spanisch u. v. m.
Sprachreisen
Infomaterial: www.lingua.de
oder: 65824 Schwalbach,
Danziger Straße 12, ☎ 06196/1552

e
ASIA-LAND
Chinesische und indonesische Spezialitäten
Montag: Ruhetag
Öffnungszeiten durchgehend
von 11.30 bis 22 Uhr
Telefon 06 11 / 56 88 92

f
Campingplatz am Dutenhofener See im idyllischen Landpark zwischen Gießen und Wetzlar. Freizeitangebot: Segeln, Surfen, Radfahren, Kanufahren auf der Lahn, Joggen, Reiterhof und viele weitere Angebote für Kinder.
Telefon und Fax: 06 41 / 233 99

g
Verschenke runden Balkontisch aus Metall, weiß, 90 cm Platte, dazu zwei blaue Plastikstühle an Selbstabholer.
Tel. 06 11 / 55 34 99

h
Tennisclub Weißensee e.V.
• für Anfänger und Profis
• 7 Sandplätze
• erfahrene Trainer
• Schnuppertraining möglich
☎ 030/ 927 08 47

Landeskunde
In der Tageszeitung finden Sie vor allem am Wochenende viele Kleinanzeigen. Auch die „Gelben Seiten" helfen bei der Suche. Sie bekommen sie bei der Post oder schauen im Internet unter www.gelbeseiten.de.

2 Lesen Sie die Informationen und füllen Sie dann die Anmeldung für Frau Bromberger aus.

Astrid Bromberger möchte mehr Sport treiben. Sie interessiert sich für Tischtennis und für alle Ballspiele, aber nicht für Fußball. Sie möchte außerdem etwas für ihre Gesundheit tun, weil sie oft Rückenschmerzen hat.

Sie hat ein Anmeldeformular vom Sportverein Harheim bekommen. Sie findet den Verein nicht teuer und möchte Mitglied werden. Sie findet es auch gut, dass sie den Mitgliedsbeitrag nicht für ein ganzes Jahr bezahlen muss, sondern alle drei Monate bezahlen kann. Sie hat ein Konto bei der Postbank.

Frau Bromberger möchte noch gern wissen, ob es auch Angebote nur für Frauen gibt.

Frau Bromberger ist 35 Jahre alt. Sie wohnt in der Wiesenstraße 12 in 60385 Frankfurt. Ihre Telefonnummer ist 069 / 45 53 38, im Büro: 069 / 230 15 55.

TURN- UND SPORTVEREIN HARHEIM
ANMELDUNG

Hiermit beantrage ich die Mitgliedschaft im TuS Harheim.

1. Personalien

Name _____   Vorname _____

Straße _____   Wohnort _____

Alter _____   Telefon privat _____

2. Interessen (bitte ankreuzen)

☐ Fußball ☐ Handball ☐ Reiten
☐ Tischtennis ☐ Volleyball ☐ Gymnastik
☐ Tanzen ☐ Karate

3. Beiträge

Die Beiträge betragen zur Zeit monatlich:
bis 14 Jahre EUR 1,80   über 18 Jahre EUR 3,10
bis 17 Jahre EUR 2,30   Rentnerinnen/Rentner EUR 2,00

Zahlungswunsch:
☐ jährlich   ☐ halbjährlich   ☐ vierteljährlich

EINZUGSERMÄCHTIGUNG
Ich bin damit einverstanden, dass der Mitgliedsbeitrag von meinem Konto
Kontonummer   Bankleitzahl
70345-603   *500 100 60*

bei (Kreditinstitut) _____
abgebucht wird.

4. Weitere Fragen

_____
_____
_____

7 Zu Hause

1 Eine „Wohnbiografie"

a) Ordnen Sie den Text.

Als ich in die Schule musste, wollten meine Eltern, dass ich mehr Deutsch spreche, und so sind wir dann nach Köln gezogen. Wir haben bei Köln in einem großen Haus mit Garten gelebt, und ich habe zu meinem achten Geburtstag einen Hund bekommen. Dann haben meine Eltern sich getrennt, und ich bin mit meiner Mutter zu ihren Eltern nach Bremen gezogen. **3**

2001 bin ich mit ihnen nach Vancouver gegangen und habe in Kanada auf einer internationalen Schule meinen Schulabschluss gemacht. Jetzt mache ich eine Ausbildung in einem großen Hotel in Tokio. Ich teile mir mit einem Kollegen ein kleines Zimmer, aber das macht nichts. Da schlafe ich eigentlich nur. **5**

Leider war die Wohnung in Bremen zu klein für meinen Hund. Es war dort auch oft langweilig, weil wir nur wenig Nachbarn mit Kindern in meinem Alter hatten. Dann hat meine Mutter Simon kennen gelernt. Er kommt aus Kanada und wollte wieder in seine Heimat zurück. **4**

Nächstes Jahr geht meine Ausbildung in Thailand weiter. Sie schicken mich in ein großes Hotel auf der Insel Phuket. Ich freue mich schon auf die Erfahrung, aber nach meiner Ausbildung möchte ich endlich mal wieder in Deutschland leben. Hoffentlich finde ich da eine gute Stelle! **6**

Ich heiße Lars und bin jetzt 19 Jahre alt. Ich bin 1987 in Hamburg geboren und in meinem Leben schon sehr oft umgezogen. Bei meinem ersten Umzug war ich schon fast ein Jahr alt. Wir sind damals nach Stuttgart gezogen, weil meine Mutter dort eine Stelle gefunden hat. **1**

Als mein Vater auch mit dem Studium fertig war, sind wir nach Madrid gegangen. Meine Eltern konnten da beide in einer internationalen Firma arbeiten. Ich habe in Spanien den Kindergarten besucht und spreche heute noch etwas Spanisch. Leider habe ich aber keinen Kontakt mehr zu meinen spanischen Freunden. **2**

b) Lesen Sie den Text noch einmal. Welche Reihenfolge ist richtig?

1. ☐ Hamburg ▸ Madrid ▸ Stuttgart ▸ Köln ▸ Bremen ▸ Vancouver ▸ Tokio ▸ Phuket
2. ☐ Hamburg ▸ Köln ▸ Madrid ▸ Stuttgart ▸ Bremen ▸ Vancouver ▸ Phuket ▸ Tokio
3. ☐ Hamburg ▸ Stuttgart ▸ Madrid ▸ Köln ▸ Bremen ▸ Vancouver ▸ Tokio ▸ Phuket
4. ☐ Hamburg ▸ Bremen ▸ Vancouver ▸ Tokio ▸ Köln ▸ Stuttgart ▸ Phuket ▸ Madrid

c) Was gehört zusammen? Verbinden Sie die Sätze.

Als Lars in die Schule musste,	1	a hat die Familie ein Jahr in Stuttgart gelebt.
Weil seine Mutter Arbeit gefunden hatte,	2	b war es dort oft langweilig.
Lars durfte seinen Hund nicht nach Bremen mitnehmen,	3	c weil er als Kind in Madrid gelebt hat.
Er hat in Japan kein eigenes Zimmer,	4	d sind seine Eltern mit ihm wieder nach Deutschland gezogen.
Weil sie in Bremen wenig Nachbarn mit Kindern hatten,	5	e aber das stört ihn nicht.
Er kann heute noch etwas Spanisch,	6	f weil die Wohnung nicht groß genug war.
Als seine Mutter einen Kanadier kennen lernte,	7	g aber nach seiner Ausbildung möchte er nach Deutschland zurück.
Lars freut sich schon auf Thailand,	8	h sind sie nach Kanada gezogen.

2 Wortfeld wohnen. Ergänzen Sie die Wörter.

1. Unsere Waschmaschine steht leider im K̲e̲l̲l̲e̲r̲. Wir wohnen im 5. Stock, und ich muss immer mit der Wäsche nach unten gehen.

2. Meine Wohnung ist im D̲_ _ _ _ _ _ _ _ S̲. Das ist ganz oben im Haus. Im Sommer ist es da oft sehr heiß!

3. Weil ich neue Häuser nicht schön finde, habe ich bis jetzt immer eine Wohnung in einem A̲_ _ _ u̲ gehabt.

4. In unserer Wohngemeinschaft gibt es vier Z̲i̲m̲m̲e̲r̲, eine große Küche und ein Bad.

5. Wir wohnen im 8. Stock. Im Sommer sitzen wir abends oft mit Freunden draußen auf unserem B̲_ _ _ n̲.

6. Die Wohnung liegt im E̲_ _ _ _ _ _ _ S̲. Sie können direkt vom Wohnzimmer in den Garten gehen.

7. In der Anzeige steht, dass die frisch renovierte 3-Zimmer-Wohnung am Stadtpark Süd eine W̲_ _ f̲ _ _ _ e̲ von 86 qm hat.

8. Das Haus hat einen großen G̲_ _ _ n̲ mit alten Obstbäumen.

3 Wortfeld Umzug. Ordnen Sie die Wörter und ergänzen Sie den Artikel.

1. UMZUGSTREINM ....
2. UMZUGSWEGAN *der Umzugswagen*
3. UMZUGSFMIRA ....
4. UMZUGSCAOHS ....
5. UMZUGSKATORN ....
6. UMZUGSCHSILCETKE ....

4 Die neue Wohnung. Wo stehen die Möbel? Ergänzen Sie die Präpositionen und die Artikel im Dativ.

1. ■ Wo steht der Kühlschrank?
   ◆ Der steht natürlich *in* *der* Küche.

2. ■ Und wo ist die Küche?
   ◆ Gleich hier rechts .... Wohnzimmer.

3. ■ Wo steht das Bett?
   ◆ .... Wand .... Tür.

4. ■ Und wo steht der Kleiderschrank?
   ◆ Auch .... Schlafzimmer. Er steht rechts .... Fenster.

5. ■ Wo habt ihr eure Waschmaschine?
   ◆ Die steht .... Badezimmer .... Waschbecken und .... Toilette.

6. ■ Und was hast du mit deinem großen Schreibtisch gemacht?
   ◆ Der steht .... Arbeitszimmer, ... Fenster.

7. ■ Und der Fernsehsessel?
   ◆ Der ist natürlich .... Wohnzimmer, in .... Ecke.

5 Modalverben *können, müssen, wollen* und *dürfen* im Präteritum. Ergänzen Sie die Modalverben und formulieren Sie die Antworten.

1. *müssen:*
   - ■ Ihre Wohnung ist sehr elegant. **Mussten** Sie **eine hohe Kaution bezahlen**?
   - ◆ Ja, *ich musste eine hohe Kaution bezahlen*.

> **Lerntipp**
>
> **Ja** **Nein**
> schon + Verb → noch nicht + Verb
> noch + Verb → nicht mehr + Verb

2. *können:*
   - ■ .... ihr **die teure Wohnung noch bezahlen**, als du arbeitslos warst?
   - ◆ Nein, ... Wir sind schon bald in eine kleinere und billigere Wohnung gezogen.

3. *dürfen:*
   - ■ .... Tina damals **schon alleine leben**? Ich meine, sie war doch erst 16.
   - ◆ Nein, ... Ich glaube, sie hat zuerst bei einer Tante gewohnt, bis sie 18 war.

4. *müssen:*
   - ■ .... du **im Haushalt helfen**, als du noch bei deinen Eltern gewohnt hast?
   - ◆ Ja, ... Ich habe zum Beispiel jeden Samstag die Schuhe geputzt.

5. *wollen:*
   - ■ .... du **in die Stadt ziehen**, als du deine Ausbildung gemacht hast?
   - ◆ Nein, ... , aber ich habe auf dem Land keinen Ausbildungsplatz gefunden.

6 *Haben* oder *sein*? Ergänzen Sie den Dialog mit den Verben *sein* und *haben* im Präteritum.

Marco: Wir **hatten** ¹ früher eine große Altbauwohnung. Die .... ² mitten in der Stadt und in der Nähe .... ³ ein kleiner Park und ein Fußballplatz. Ich .... ⁴ fast immer mit meinen Freunden draußen, aber ich .... ⁵ auch ein eigenes Zimmer. Wenn das Wetter schlecht .... ⁶, konnten wir bei uns zu Hause spielen.

Oliver: Als ich noch ein Kind .... ⁷, ... ⁸ wir nie viel Platz. Wir .... ⁹ nur drei Zimmer, und wir .... ¹⁰ fünf Personen in unserer Familie. Mein Opa .... ¹¹ auch noch da. Er .... ¹² ein eigenes Zimmer. Aber mein Bruder und ich .... ¹³ schon einen eigenen Computer in unserem Zimmer.

Marco: Was? Ihr .... ¹⁴ schon einen Computer? Super! Meine Eltern .... ¹⁵ immer gegen Computer. Wir .... ¹⁶ auch keinen Fernseher.

7 **Nebensätze mit *als*.** Finden Sie eine passende Aussage und beantworten Sie die Fragen.

a) Ich bin gestern im Wald spazieren gegangen.
b) Wir sind in die Stadt gezogen.
c) Ich habe in Berlin studiert.
d) Ich habe ihn einmal nach Hause gebracht.
e) Mein Mann war letztes Jahr arbeitslos.
f) Die Kinder waren noch klein.

1. ■ Wie hast du dich denn so erkältet?
   a ◆ Ich glaube, das ist passiert, *als ich gestern im Wald spazieren gegangen bin*. Es hat plötzlich geregnet, und mir war sehr kalt.

2. ■ Wann seid ihr eigentlich aufs Land gezogen?
   ◆ ....
   Wir wollten, dass sie im Garten spielen können.

3. ■ Wann hast du eigentlich in einer Wohngemeinschaft gelebt?
   ◆ Das war vor zehn Jahren, ...

4. ■ Wann habt ihr denn die Wohnung so toll renoviert?
   ◆ Letztes Jahr, ...
   Wir hatten nicht viel Geld, aber er hatte viel Zeit. Wir haben fast alles selbst gemacht. Das war gar nicht so teuer.

5. ■ Wie lange haben deine Eltern auf dem Land gelebt?
   ◆ Das kann ich dir nicht so genau sagen, aber ich weiß, dass ich schon 13 war, ...

6. ■ Wie hast du diese tolle Wohnung denn gefunden?
   ◆ Ein Kollege von mir wohnt in dieser Straße. ...., habe ich gesehen, dass die Wohnung frei war. Da habe ich einfach bei den Nachbarn geklingelt und gefragt, ob sie die Nummer vom Vermieter haben.

8 **Über Vor- und Nachteile einer Wohnung sprechen.** Familie Lohmann hat sich eine Wohnung in einem Altbau angesehen. Sie haben eine Liste gemacht. Jetzt sprechen sie mit einem Freund über die Vor- und Nachteile. Ergänzen Sie die Sätze.

Vorteile
1. Es gibt in der Nähe einen Supermarkt und einen Kindergarten.
2. Wir müssen die Wohnung nicht renovieren.
3. Das Wohnzimmer ist schön hell und groß.
4. Die Wohnung ist schon ab dem 1. 8. frei.

Nachteile
5. Im Sommer kann es unter dem Dach sehr heiß sein.
6. Es gibt im Haus keinen Fahrradkeller.
7. Die Wohnung hat keinen Balkon.
8. Das Kinderzimmer ist sehr klein.

1. Uns gefällt, *dass es in der Nähe einen Supermarkt und einen Kindergarten gibt.*
2. Wir finden es ganz praktisch, ...
3. Die Wohnung hat den Vorteil, ...
4. Für uns ist es auch wichtig, ...
5. Wir finden eine Wohnung im Dachgeschoss nicht so gut, *weil es im Sommer unter dem Dach sehr heiß sein kann.*
6. Leider muss man die Fahrräder draußen abstellen, ...
7. Man kann im Sommer auch nicht draußen sitzen, ...
8. Mir gefällt die Wohnung nicht besonders gut, ...

9 „Was ich Sie noch fragen wollte ..." Schreiben Sie indirekte Fragesätze.

1. Ist die Wohnung renoviert?
   Ich möchte wissen, *ob die Wohnung renoviert ist*.

2. Wie alt ist die Heizung?
   Wissen Sie, ...
   ....?

3. Gibt es in der Umgebung einen Park oder Wald?
   Wissen Sie, ...?

4. Wir haben eine Katze.
   Haben wir Ihnen gesagt, ...?

5. Wie hoch sind die Nebenkosten?
   Können Sie mir auch sagen, ...?

6. Wann können wir die Wohnung besichtigen?
   Wir möchten gerne wissen, ...

7. Gibt es auch einen Fahrradkeller im Haus?
   Was ich Sie noch fragen wollte: Können Sie mir sagen, ...
   ....?

10 Meckern Sie! Schreiben Sie Relativsätze.

1. Ich ärgere mich immer über die Heizung im Bad. Sie funktioniert nicht gut.
   Ich ärgere mich immer über die Heizung im Bad, die nicht gut funktioniert.

2. Ich falle fast jeden Morgen über dein Fahrrad. Es steht immer im Treppenhaus.

3. Wann willst du denn mal den Ofen reparieren? Er ist schon so lange kaputt.

4. Wo sind eigentlich die neuen Fenster? Wir haben sie schon im Juli bestellt.

5. Wann ist die Renovierung fertig? Sie dauert jetzt schon drei Monate.

6. Ich habe dir schon letzten Monat Geld für die Miete geliehen. Du konntest sie nicht bezahlen.

7. Hat eigentlich jemand den Putzplan gelesen? Ich habe ihn gestern geschrieben.

11 Wohnungsbesichtigung

a) Wer sagt was? Markieren Sie zuerst Mieter (M) oder Vermieter (V). Ordnen Sie dann den Dialog.

M V

☐ ☐ .... Dann müssen Sie sich aber beeilen! Eine Wohnung in dieser Lage kann schnell weg sein!

☐ ☒ ...1... Guten Tag. Haben wir für heute einen Termin gemacht?

☐ ☐ .... Der Teppich gefällt mir, aber es ist hier sehr laut. Da unten ist eine Bushaltestelle, oder?

☒ ☐ .... Ja, wir haben gestern telefoniert. Mein Name ist Schubert.

☐ ☐ .... Ja, das ist schon mit Nebenkosten. Was meinen Sie?

☐ ☐ .... Wo ist das Schlafzimmer?

☐ ☐ .... Das Bad ist gleich neben der Küche. Beide Räume sind schön hell. Interessieren Sie sich für die Wohnung?

☐ ☐ .... Ach so, dann kommen Sie bitte herein. Ich zeige Ihnen am besten zuerst die Wohnung. Es gibt drei Zimmer, eine kleine Küche und ein Bad.

☐ ☐ .... Ja, aber nachts ist es hier viel ruhiger. Da gibt es nicht so viel Verkehr.

☐ ☐ .... Das ist hier neben dem Wohnzimmer. Der Boden ist ganz neu.

☐ ☐ .... Ich finde sie etwas teuer. In der Anzeige steht, die Wohnung kostet 770 Euro. Das ist die Warmmiete, oder?

☐ ☐ .... Ich weiß nicht, die Wohnung ist für den Mietpreis wirklich nicht besonders groß. Ich rufe Sie vielleicht wieder an.

☐ ☐ .... Na ja, die Busse fahren aber bis Mitternacht. Und wo ist das Badezimmer?

b) Welche Anzeige passt zu der Wohnung im Dialog? Kreuzen Sie an.

1. ☐ Marktviertel, zentrale 3-Zi.-AB-Whg., 83 m², renoviert, 820 Euro + 1640 Euro Kaution, Tel.: 48 86 77 32

2. ☐ Sehr ruhige, helle Wohnung, Nähe U-Bahnhof Lindenstraße (U2), WM 770, Besichtigung nach Vereinbarung, ☎ 67 54 87 63

3. ☐ 3 ZKB, 77 m², zentral, hell, Warmmiete 770 Euro. Tel.: 56 47 3 29

8 Kultur erleben

1 Kultur erleben

a) Lesen Sie den Text.

Was macht das Leben interessant und angenehm? Zum Beispiel Erholung in der Natur, Feste und Feiern, Urlaub, gute Küche und feine Weine, Sport, Design und Mode oder interessante Architektur? Deutschland bietet viel für Freizeit, Erholung und Kultur.

In Deutschland ist Kultur Aufgabe der 16 Bundesländer. Das hat den Vorteil, dass Kultur nicht nur in der Hauptstadt und den Großstädten stattfindet. Ob Musik, Theater oder Kunst, überall im Land gibt es kleinere oder größere Kulturzentren und -festivals mit attraktiven Angeboten für alle Alters- und Interessengruppen. Zum Beispiel hat sich eine sehr kreative Theaterlandschaft mit vielen Staats- und Stadttheatern, aber auch Wandertheatern, die auf verschiedenen Bühnen spielen, und Privattheatern entwickelt. Zwischen Flensburg im Norden und Garmisch im Süden gibt es ungefähr 400 Theater und 140 Berufsorchester. Manche von ihnen sind weltbekannt, wie z. B. das Gewandhausorchester Leipzig.

Deutschland ist auch als Literatur- und Bücherland bekannt. Viele deutsche Autoren wie Hermann Hesse, Thomas Mann oder Günther Grass haben den Nobelpreis für Literatur bekommen. Mit jährlich mehr als 80 000 neuen Büchern liegt das Land im internationalen Vergleich sehr weit vorne. Jedes Jahr trifft sich im Herbst die Verlagswelt zur Internationalen Frankfurter Buchmesse. Daneben gibt es noch die kleinere Leipziger Buchmesse im Frühjahr.

Kunstmessen und Kulturevents

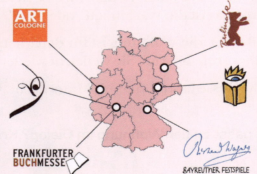

Art Cologne
Die Art Cologne ist die älteste Kunstmesse der Welt und die wichtigste in Deutschland

Art Frankfurt
Die Art Frankfurt gilt als Forum für junge und avantgardistische europäische Kunst

Frankfurter Buchmesse
Die Frankfurter Buchmesse ist international die Nummer eins unter den Buchmessen

Berlinale
Die Berlinale ist nach dem Festival in Cannes das zweitwichtigste Filmevent weltweit

Leipziger Buchmesse
Die Leipziger Buchmesse hat sich trotz starker Konkurrenz einen guten Namen gemacht

Bayreuther Festspiele
Die Bayreuther Festspiele auf dem „grünen Hügel" sind für „Wagnerianer" das Ereignis

Neue Erfolge feiert seit einigen Jahren der deutsche Film – in den deutschen Kinos, aber auch in vielen anderen Ländern. Für Stars wie Alexandra Maria Lara, Franka Potente, Julia Jentsch, Daniel Brühl, Moritz Bleibtreu und Til Schweiger geht das Publikum gern ins Kino. Seit 2003 gibt es die Deutsche Filmakademie und den deutschen Oscar, die Lola.

b) Ergänzen Sie die Sätze mit Wörtern aus dem Text, und notieren Sie die Nummern der Zeile(n).

Zeile

1. In Deutschland gibt es ein großes ....Angebot........ für Freizeit und Erholung.   4, 5

2. .... gehört in Deutschland zu den Aufgaben der Länder. ....

3. Nicht nur in Berlin und den Großstädten gibt es ....

4. .... zeigen ihre Theaterstücke auf verschieden Bühnen. ....

5. Viele Autoren aus Deutschland haben den Nobelpreis für .... bekommen. ....

6. Auf der größten internationalen .... in Frankfurt stellen Verlage und Autoren aus aller Welt ihre neusten Bücher vor. ....

7. Es gibt seit ein paar Jahren immer mehr erfolgreiche deutsche ....

8. Die Lola ist der jährliche Filmpreis der deutschen ....

2 Über kulturelle Interessen sprechen. Ordnen Sie Fragen und Antworten zu.

1. **h** Warst du dieses Jahr auf der Frankfurter Buchmesse?
2. ☐ Welcher Film hat 2006 die goldene Lola gewonnen?
3. ☐ Geht ihr gerne ins Theater?
4. ☐ Mögen Sie eigentlich auch Musik von Bach?
5. ☐ Interessieren Sie sich denn auch etwas für klassische Musik?
6. ☐ Hast du schon die neue Ausstellung im Bauhausmuseum gesehen?
7. ☐ Hast du schon einmal etwas von Anne Sophie Mutter gehört?
8. ☐ Geht ihr am 25. Dezember wieder zum Konzert in die Nikolaikirche?
9. ☐ Ich fahre nächstes Jahr für zwei Tage zu *Rock im Park*. Willst du mitkommen?

a) Ja, ich höre am liebsten Mozart.
b) Klar, ich bin ein großer Fan von ihr und habe alle CDs.
c) Nein, Rockfestivals sind mir wirklich zu laut und zu wild.
d) „Das Leben der anderen". Hast du ihn schon im Kino gesehen?
e) Nein, ich interessiere mich nicht besonders für Design.
f) Nein, gar nicht. Ich höre nur moderne Musik, also Rock, Pop oder Jazz.
g) Natürlich! Weihnachtslieder sind am schönsten, wenn sie ein guter Chor singt.
h) Nein, aber ich habe interessante Interviews mit Autoren im Fernsehen gesehen.
i) Ja, wir haben ein Jahresabonnement. Am Freitag zeigen sie „Wilhelm Tell" von Schiller.

3 Wortfeld Kultur. Ein Wort passt nicht. Streichen Sie es durch.

1. Eintritt — Theater – ~~Picknick~~ – Fußballstadion – Konzert – Filmfestival
2. Literatur — Autor – Romanheld – Buchladen – Verlag – Roman – Stadion
3. Musik — Rockkonzert – Oper – Radio – Orgel – Chor – Zeit
4. Theater — Abendkasse – Reihe – Unterkunft – Bühne – Ermäßigung
5. Museum — Ausstellung – Kunst – Bilder – Abendvorstellung – Sammlung
6. Kino — Film – Schauspieler – Konzert – Kartenreservierung – Sitzreihe
7. Konzert — Eintritt – Rockmusik – Reisegruppe – Oper – Orgel – Chor
8. Messe — Ausweis – Ausstellung – Stadtführer – Besucher – Produkt

4 Beziehungen. Ergänzen Sie *befreundet mit, verlobt mit, verheiratet mit, verliebt in*.

Minimemo: mit + Dativ!

1. Dorothea hat sich am Wochenende .... Lars .... Nächsten Mai wollen sie heiraten.
2. Meine Mitbewohnerin trifft sich oft mit meinem Bruder, aber sie ist nicht .... ihn .... Sie ist nur *nur* ihm *befreundet* .
3. Ich war nur drei Jahre .... meinem ersten Mann .... Dann haben wir uns getrennt.
4. Verliebt? Ich? Nein, nein, ich bin .... Barbara nur .... Manchmal gehen wir zusammen zu Partys, ins Kino oder Theater.
5. Ich glaube, Michael ist .... Ulla .... Er findet, dass sie die tollste Frau der Welt ist und hat sich schon wieder mit ihr für das Wochenende verabredet.
6. Meine Mutter war zuerst zwei Jahre .... meinem Vater .... Dann haben sie 1966 geheiratet, und jetzt ist sie schon über 40 Jahre glücklich .... ihm .... !

5 **Lyonel Feininger: Eine Biografie.**
Ergänzen Sie passende Verben im Präteritum.

a) machen – sein – reisen – ~~leben~~ – besuchen

Der Maler und Grafiker Lyonel Feininger ......lebte...... ¹ von 1871 bis 1956. Seine Eltern .... ² erfolgreiche Musiker. Mit 16 Jahren .... ³ er zum ersten Mal von seiner Geburtsstadt New York nach Deutschland. Er .... ⁴ seine Eltern, die gerade eine Konzertreise .... ⁵.

b) haben – heiraten (2x) – trennen – studieren – arbeiten – kennen lernen

Von 1890 bis 1891 .... ⁶ er in Belgien am Collège Saint Servais in Liège und später noch in Berlin und Paris. In Berlin .... ⁷ er auch ein paar Jahre als Zeichner für verschiedene Zeitungen. 1901 .... ⁸ er zum ersten Mal. Als er dann 1903 die Künstlerin Julia Berg .... ⁹, ... ¹⁰ er sich von seiner Frau Clara und seinen beiden Töchtern. 1908 .... ¹¹ er Julia. Sie .... ¹² zusammen drei Söhne.

c) bekommen – ausstellen – haben – lehren – gründen – holen – gehen

1919 .... ¹³ Walter Gropius Feininger zur Gründung des Staatlichen Bauhauses nach Weimar. Dort .... ¹⁴ er bis 1926 als „Meister der Formlehre". Feininger .... ¹⁵ viele Kontakte zu wichtigen Künstlern. 1924 .... ¹⁶ er zusammen mit Wassily Kandinsky, Paul Klee und Alexej von Jawlensky die Gruppe „Die blaue Vier", die schon ein Jahr später ihre Bilder in New York .... ¹⁷.

Nach 1933 .... ¹⁸ er in Deutschland als Künstler Probleme. 1937 .... ¹⁹ er mit seiner Familie nach New York zurück. Seine Werke sind bis heute weltbekannt.

6 Die Leiden des jungen Werther. Schreiben Sie die Sätze im Präteritum.

1. Der Roman hat Goethe über Nacht berühmt gemacht.
   Der Roman machte Goethe über Nacht berühmt.

2. Werther hat Lotte auf einem Ball kennen gelernt und sich sofort in sie verliebt.
   ....
   ....

3. Aber Lotte ist mit Werthers Freund Albert verlobt, der oft auf Reisen ist.
   ....

4. Werther besucht Lotte gern.
   ....

5. Sie ist schön und alle bewundern sie, weil sie sich liebevoll um ihre acht jüngeren Geschwister kümmert.
   ....
   ....

6. Lotte hat Sympathien für Werther, aber sie liebt ihren Verlobten.
   ....

7. Weil Lotte Albert heiratet, endet Werthers Liebe tragisch.
   ....

7 Wann war das? Ergänzen Sie die passenden Verben im Präteritum.

heiraten – geben – wählen – kennen lernen – arbeiten – sein (2x) – sollen – ~~leben~~ – studieren

1. Ab 1723 ....*lebte*........ Bach in Leipzig und .... dort an der Thomaskirche.

2. Am 2.9.2004 .... es in der Weimarer Anna-Amalia-Bibliothek ein großes Feuer. Im Februar 2005 .... die Bücher in ein neues Haus umziehen. Leider .... das Feuer schneller.

3. 1788 .... Goethe seine Frau Christiane Vulpius im Weimarer Park ....

4. 1915 .... Walter Gropius Alma Mahler.

5. Von 1903 bis 1907 .... Gropius in München und Berlin Architektur.

6. 1999 .... Weimar zu Goethes 250. Geburtstag die Kulturhauptstadt Europas.

7. Man .... Graz für das Jahr 2003.

8 Einen Kinobesuch organisieren. Ergänzen Sie die beiden Dialoge.

a) ~~Eigentlich nichts Besonderes. Ich mache mir gerade Abendbrot. Und du?~~
b) Halb zehn finde ich zu spät, aber sieben passt mir gut. Soll ich die Karten reservieren?
c) Ich weiß nicht. Ich rufe Sie später wieder an. Vielen Dank!
d) Guten Abend. Ich möchte eine Reservierung für morgen machen.
e) Soll ich mal schnell im Internet nachsehen?
f) Weißt du auch, zu welchen Zeiten der läuft?
g) Zwei. Einmal mit Studentenermäßigung, bitte.
h) Meinst du vielleicht „Ein Freund von mir"?
i) „Ein Freund von mir" um 19 Uhr.
j) Heute Abend kann ich leider nicht, aber morgen habe ich Zeit.
k) Auf Wiederhören!
l) Okay, dann bis gleich!

Dialog 1: Jana telefoniert mit Ulli.

■ Hallo Ulli, hier ist Jana. Ich wollte mal hören, wie es dir geht. Was machst du so?

◆ **a** *Eigentlich nichts Besonderes. Ich mache mir gerade Abendbrot. Und du?*

■ Ich bin gerade erst nach Hause gekommen. Hast du Lust, gleich ins Kino zu gehen?

◆ ■ ....

■ Morgen ist auch in Ordnung. Hast du den neuen Film mit Daniel Brühl und Jürgen Vogel schon gesehen?

◆ ■ ....

■ Ja, der läuft gerade im „Schlosspalast" bei mir um die Ecke.

◆ ■ ....

■ Moment, ich habe hier irgendwo das Kinoprogramm für diese Woche.

◆ ■ ....

■ Nein, nein, ich habe es schon gefunden. Der Film läuft morgen Abend um 19 Uhr und um 21.30 Uhr.

◆ ■ ....

■ Nein, das mache ich schon. Ich rufe dich gleich wieder an.

◆ ■ ....

Dialog 2: Jana ruft im Kino „Schlosspalast" an.

■ Schlosspalast, guten Abend!

◆ ■ ....

■ Moment ... Welchen Film möchten Sie denn sehen?

◆ ■ ....

■ Und wie viele Karten brauchen Sie?

◆ ■ ....

■ Mal sehen. Das tut mir leid. Ich habe leider nur noch Karten für die Spätvorstellung. Geht das auch?

◆ ■ ....

■ Kein Problem. Auf Wiederhören!

◆ ■ ....

9 Arbeitswelten

1 Die duale Berufsausbildung: Arbeiten und Lernen

a) Lesen Sie den Text und kreuzen Sie die richtigen Erklärungen an.

In Deutschland nehmen heute circa 60 % der Jugendlichen an einer *dualen Berufsausbildung* teil. ‚Dual' bedeutet, dass sie an zwei Orten lernen: im Betrieb und in der Berufsschule. Die *Ausbildungsdauer* liegt zwischen zwei und dreieinhalb Jahren.

Zum Beispiel Zahnmedizinische/r Fachangestellte/r oder Zahnarzthelfer/in

Die Kommunikation mit den Patienten und die Assistenz am Zahnarztstuhl, also dem Zahnarzt bei der Arbeit helfen, sind die wichtigsten *Arbeitsgebiete* der zahnmedizinischen Fachangestellten, die in der Bremer Zahnarztpraxis Dr. Hagen eine Ausbildung machen.

„Zu einem typischen Arbeitstag gehören die Kommunikation mit Patienten am Telefon und in der Praxis und natürlich auch das Vereinbaren von Terminen", beschreibt Dr. Hagen. „Wir bilden unsere Zahnarzthelferinnen auch in der Buchhaltung aus. Das Versicherungssystem und das Schreiben von Rechnungen sind nicht ganz einfach und ein wichtiger Teil der Ausbildung an der Berufsschule. Bei uns in der Praxis machen wir diese Bereiche erst im dritten *Lehrjahr*."

Zahnmedizinische Fachangestellte arbeiten eng mit den Zahnärzten zusammen: „Wir arbeiten immer mit vier Händen am Mund – das sind die zwei Hände der Zahnärztin und die zwei der Assistenz. Die Fachangestellte hilft der Zahnärztin bei der Arbeit. Sie gibt ihr die richtigen Instrumente und bereitet Materialien oder Medikamente vor."

Was lernt man an der Berufsschule?

Wer einen Ausbildungsplatz gefunden hat, muss sich mit dem Ausbildungsvertrag bei einer Berufsschule anmelden. Der Unterricht findet an zwei Tagen in der Woche statt, drei Tage arbeiten die Auszubildenden in der Zahnarztpraxis.

An der Berufsschule stehen zahnmedizinische Assistenz, *kaufmännische Kenntnisse,* Marketing und Management in der Zahnarztpraxis, Patientenbetreuung und eine Fremdsprache im Zentrum der Ausbildung zur/zum Zahnmedizinischen Fachangestellten. Aber auch Deutsch/Kommunikation, Politik oder Sozialwissenschaften, Religion und Sport stehen auf dem Stundenplan. Am Ende der Ausbildung muss man eine theoretische und eine praktische Prüfung machen.

Was sollten Bewerber mitbringen?

Dr. Hagen wünscht sich Bewerber mit gutem Schulabschluss. Besonders wichtig findet sie die Noten in Chemie und Mathematik, aber auch in Deutsch, weil der Kontakt zu den Patienten wichtig ist.

1. *Duale Berufsausbildung*

a) ■ Diese Ausbildung dauert zwei Jahre.
b) ■ Man muss am Ende dieser Ausbildung zwei Prüfungen machen.
c) ■ Die Ausbildung findet im Betrieb und an der Berufsschule statt.

2. *Ausbildungsdauer*

a) ■ So lange dauert ein Ausbildungstag an der Berufsschule.
b) ■ So lange dauert die gesamte Berufsausbildung.
c) ■ In dieser Zeit finden die Abschlussprüfungen statt.

3. *Arbeitsgebiete*

a) ■ Das sind der Ausbildungsbetrieb und die Berufsschule.
b) ■ Das sind die Bereiche, die typisch für einen Beruf sind.
c) ■ Das sind zum Beispiel eine Arztpraxis oder ein Labor.

4. *Lehrjahr*

a) ■ So nennt man ein Jahr in der Ausbildung.
b) ■ Das ist ein Jahr an der Berufsschule ohne Arbeit im Ausbildungsbetrieb.
c) ■ Das ist das erste Jahr der Ausbildung.

5. *Kaufmännische Kenntnisse*

a) ■ Diese Kenntnisse sind für Männer, die bei Versicherungen arbeiten.
b) ■ Das sind Kenntnisse bei der Betreuung von Patienten.
c) ■ Das sind Kenntnisse in den Bereichen Buchhaltung und Rechnungen schreiben.

b) Was ist richtig? Vergleichen Sie die Aussagen mit dem Text und kreuzen Sie an.

1. ■ Über die Hälfte der deutschen Jugendlichen macht eine Ausbildung im Betrieb und an der Berufsschule.

2. ■ Die Berufsausbildung dauert mindestens drei Jahre.

3. ■ Zahnarzthelfer/innen machen Termine mit Patienten und Patientinnen, schreiben Rechnungen, helfen Zahnärzten und Zahnärztinnen bei der Arbeit und bereiten Materialien und Medikamente vor.

4. ■ Zahnmedizinische Fachangestellte brauchen zwei Fremdsprachen.

5. ■ In der Praxis von Dr. Hagen beginnen die zahnmedizinischen Fachangestellten erst nach zwei Ausbildungsjahren mit der Buchhaltung.

6. ■ Wenn man einen Platz an der Berufsschule hat, kann man sich um einen Ausbildungsplatz bewerben.

7. ■ Der Unterricht an der Berufsschule findet an einem Tag statt.

8. ■ Im Zentrum der Ausbildung an der Berufsschule stehen wichtige Arbeitsgebiete des Ausbildungsberufs.

9. ■ Die Berufsschule bildet in berufstypischen und allgemeinen Gebieten aus.

10. ■ Dr. Hagen findet gute Deutschkenntnisse nicht so wichtig wie Kenntnisse in Chemie oder Mathematik.

2 Ein tabellarischer Lebenslauf. Ergänzen Sie die Informationen.

~~Praktika~~ – Grundschule Hasbergen – ~~Fremdsprachen~~ – Anschrift – Berufserfahrung – 07/2003–07/2006 – Abschluss – Mediengestaltung GmbH & Co. KG – ~~Reisen~~ – Kauffrau für audiovisuelle Medien

Lebenslauf

Persönliche Daten

Name	Anna Maria Burbach
...1	Lotter Straße 22
	49078 Osnabrück
	Tel.: (05 41) 867 45 32
	Annamaria@Burbach.de
geboren am	23.04.1982 in Lingen/Ems

Schulausbildung

1988–1992	...2
1992–1998	Geschwister-Scholl-Schule in Osnabrück
	...3: Realschulabschluss / Mittlere Reife

...4

| 06/1998–07/1998 | Betriebspraktikum bei Mediadesign GmbH in Osnabrück |

Berufsausbildung

| 09/1998–07/2001 | Ausbildung zur ...5 bei ProSiebenSat.1 Media AG in München |

...6

| 09/2001–05/2003 | ...7 in Offenbach |
| ...8 | Zweites Deutsches Fernsehen (ZDF) in Mainz, Marketing |

| ...9 | Englisch (C1), Französisch (B1), Spanisch (A2) |

Hobbys ...10, Film, Lesen, Fotografieren

1. ....
2. ....
3. ....
4. *Praktika*
5. ....
6. ....
7. ....
8. ....
9. *Fremdsprachen*
10. *Reisen*

3 Eine Berufsbiografie. Ergänzen Sie passende Verben.

Nach der Schule habe ich eine Ausbildung zum Mechaniker ....1 und danach noch an der Universität Hamburg Schiffsbau *studiert*2. In den Semesterferien habe ich Praktika ....3 oder als Kellner in einem italienischen Restaurant ....4. Nach dem Studium habe ich zum Glück nicht lange eine Stelle ....5. Ich habe mich nur bei drei Firmen ....6 und gleich einen Job ....7. Ich bin ganz zufrieden mit meiner Arbeit als Schiffsbauingenieur in Korea.

arbeiten – machen (2 x) – finden – studieren – suchen – bewerben

4 Wortfeld Ausbildung und Beruf. Ergänzen Sie.

1. Man muss z. B. in einer Woche tagsüber und in der nächsten Woche nachts arbeiten.
2. Nach der ersten Ausbildung einen zweiten Beruf lernen.
3. Den macht man am Ende der Schulzeit, z. B. Abitur.
4. + 5. Hier kann man eine Berufsausbildung machen.
6. Nicht Vollzeit.
7. Das macht man an der Universität.
8. Ein Brief oder Gespräch, wenn man Arbeit sucht.
9. Menschen, die in einer Firma oder einem Amt arbeiten.
10. Anderes Wort für Arbeit.
11. In dieser Schule lernt man die Theorie zum Beruf.
12. Das macht man, wenn man einen Beruf für ein paar Wochen kennen lernen möchte.
13. Den muss man bei einer Bewerbung in tabellarischer Form abgeben.
14. So nennt man ein Ausbildungsjahr im Betrieb auch.
15. Den macht man mit dem Arbeitgeber, wenn man eine Stelle annimmt.
16. Wichtige Information bei der Suche nach Arbeit. Man findet sie in der Zeitung oder im Internet.

5 Nomen mit *-ung.* Ergänzen Sie.

1. rechnen: Haben wir die ......Rechnung...... für die neuen Computer schon bezahlt?
2. einladen: Haben Sie die .... *(Pl.)* für unser 25-jähriges Firmenjubiläum schon an alle Kunden geschickt?
3. beraten: Unsere .... hilft Ihnen bei der Entscheidung für das richtige Auto.
4. buchen: Ich habe die .... für Ihren Flug nach Athen gestern schon gemacht.
5. bestellen: Haben Sie unsere .... vergessen? Wir warten schon seit drei Wochen auf die neuen Bürostühle.
6. bewerben: Hast du deine .... schon an die Praxis von Dr. Müller geschickt?
7. ausbilden: Ich habe meine .... zum Koch in einem sehr guten Restaurant gemacht.

6 **Berufsbeschreibungen.** Ordnen Sie die passenden Berufe zu. Ein Beruf passt nicht. Ergänzen Sie dann die nominalisierten Verben wie im Beispiel.

Kulturmanager/in – Fremdsprachensekretär/in – Zahntechniker/in

a) .... : In diesem Beruf muss man Briefe schreiben, mit Kunden telefonieren, Termine verabreden, am Computer arbeiten und Vertragstexte übersetzen.

Das ......*Schreiben*......¹ von Briefen, das ....² mit Kunden, das ....³ von Terminen, das ....⁴ am Computer und das ....⁵ von Vertragstexten sind in diesem Beruf wichtige Aufgaben.

b) .... : In diesem Beruf muss man attraktive Veranstaltungsprogramme entwickeln, Aufführungen und kulturelle Veranstaltungen planen und organisieren, oft mit Künstlern zusammenarbeiten und Räume für Veranstaltungen mieten.

Das ....¹ von attraktiven Veranstaltungsprogrammen, das ....² und ....³ von Veranstaltungen, das enge ....⁴ mit den Künstlern sowie das ....⁵ von Räumen gehören zu Ihren wichtigsten Aufgabengebieten in diesem Beruf.

7 **Gründe nennen.** Ergänzen Sie *denn* oder *weil*.

1. Jürgen möchte lieber Vollzeit arbeiten, ...*weil*...... er dann mehr verdient.

2. Frau Nguyen macht eine Umschulung, ... sie hat in ihrem alten Beruf lange keine Arbeit gefunden.

3. Meine Freundin Marlene möchte Kulturmanagerin werden, ... sie interessiert sich sehr für Kultur und kann gut organisieren.

4. Frau Stein hat zwei Jahre nicht gearbeitet, ... sie eine Babypause gemacht hat.

5. Susanne sucht im Moment einen Ausbildungsplatz, ... sie im Juni ihren Schulabschluss macht.

6. Herr Álvarez sucht eine neue Stelle, ... er seinen Chef nicht mag.

7. Martin arbeitet an drei Tagen im Betrieb und geht an zwei Tagen in der Woche zur Berufsschule, ... er nimmt an einer dualen Berufsausbildung teil.

8. Klaus macht nicht gerne Schichtarbeit, ... er nicht gerne nachts arbeitet.

8 Sagen Sie es höflich! *Hätte* oder *könnte*?

1. Es tut mir leid, aber Herr Dupont ist im Moment in einer Besprechung.
   Könnten Sie in einer halben Stunde wieder anrufen?
2. .... du jetzt einen Moment Zeit? Ich brauche deine Hilfe.
3. .... Sie auch am Montag um 10 Uhr kommen?
4. .... ihr morgen den Monitor zur Reparatur bringen?
5. Es wäre nett, wenn Sie mir einen Kaffee mitbringen ....
6. .... Sie vielleicht etwas Kleingeld? Ich kann leider nicht wechseln.
7. Wir .... gern die Rechnung.
8. .... Sie vielleicht die Telefonnummer von Frau Müller?

9 Telefonieren im Beruf. Ordnen Sie die Dialoge.

a) Eine Nachricht hinterlassen

- **1** ◆ Medienlabor Meininger, guten Tag. Was kann ich für Sie tun?
- ◆ Tut mir leid, Herr Meininger ist heute nicht im Haus.
- ◆ Natürlich. Was soll ich ihm denn sagen?
- ◆ Kein Problem. Wie war noch Ihr Name?
- ◆ Vielen Dank, Herr Stein. Auf Wiederhören!
- ■ Oh, könnte ich eine Nachricht für ihn hinterlassen?
- ■ Auf Wiederhören!
- ■ Stein. Und meine Telefonnummer ist 76 55 4 32 hier in Freiburg.
- **2** ■ Guten Tag, mein Name ist Stein. Ich möchte bitte mit Herrn Meininger sprechen.
- ■ Könnte er mich bitte so bald wie möglich zurückrufen? Es ist sehr wichtig.

b) Einen Termin absagen

- ■ Guten Morgen, Frau Uhland. Mein Name ist Glas. Ich bin von der Firma Intro aus Köln und habe heute Nachmittag einen Termin mit Herrn Meininger.
- ◆ Auf Wiederhören!
- ■ Leider muss ich absagen, weil ich geschäftlich dringend nach London muss.
- ◆ Kein Problem, Frau Glas. Ich sage Herrn Meininger, dass Sie heute nicht kommen können. Möchten Sie einen neuen Termin machen?
- ◆ Ja, Ihr Termin ist um 15 Uhr. Das ist richtig.
- ■ Das geht im Moment nicht gut. Ich weiß noch nicht, wann ich zurückkomme. Ich schlage vor, dass ich Sie wieder anrufe.
- ■ Gut. Vielen Dank! Auf Wiederhören!
- **1** ◆ Medienlabor Meininger, Uhland am Apparat, guten Morgen.

Leben in Deutschland 3

1 Papiere, Papiere ...
Lesen Sie die Sätze und ordnen Sie die Fotos zu.

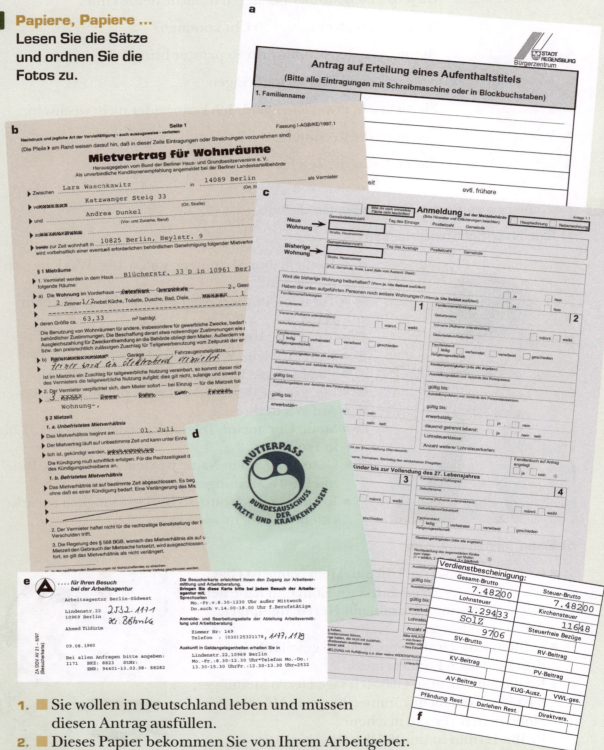

1. ■ Sie wollen in Deutschland leben und müssen diesen Antrag ausfüllen.
2. ■ Dieses Papier bekommen Sie von Ihrem Arbeitgeber.
3. ■ Für den Besuch bei der Arbeitsagentur brauchen Sie diese Karte.
4. ■ Sie erwarten ein Kind? Dann trägt der Arzt oder die Ärztin hier alle Untersuchungen ein.
5. ■ Sie haben eine neue Wohnung gefunden und unterschreiben dieses Papier.
6. ■ Sie sind umgezogen, haben eine neue Adresse und müssen sich anmelden. Meistens geschieht das beim Bürgeramt oder beim Einwohnermeldeamt.

2 Arbeit in Deutschland. Lesen Sie den Text und kreuzen Sie an. Welche Aussagen sind richtig? Korrigieren Sie die falschen Aussagen.

Jeder Arbeitnehmer braucht eine Lohnsteuerkarte. Die Karte müssen Sie Ihrem Arbeitgeber geben. Die Lohnsteuerkarte bekommen Sie von der Stadt oder Gemeinde (z. B. im Bürgeramt). Dort stehen Ihre persönlichen Daten und das Finanzamt, an das Sie Steuern zahlen müssen. Mitglieder der evangelischen oder katholischen Kirche bezahlen auch Kirchensteuer. Der Arbeitgeber zahlt automatisch jeden Monat Ihre Steuern an das Finanzamt.

Jeder Arbeitnehmer braucht auch einen Sozialversicherungsausweis. Zur Sozialversicherung gehören die Krankenversicherung, die Pflegeversicherung, die Rentenversicherung und die Arbeitslosenversicherung. Die Anmeldung zur Sozialversicherung macht meistens Ihr Arbeitgeber, danach bekommen Sie Ihre Sozialversicherungsnummer und den Sozialversicherungsausweis.

Es gibt einen Unterschied zwischen dem Bruttogehalt und dem Nettogehalt. Das Bruttogehalt minus Steuern und Beiträge zur Sozialversicherung ist das Nettogehalt. Das ist das Geld, das Sie wirklich bekommen.

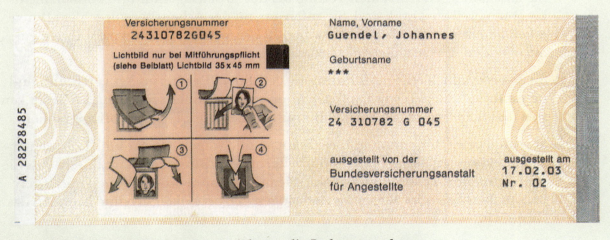

1. ☐ Der Arbeitgeber kümmert sich um die Lohnsteuerkarte.
2. ☐ Die Steuern werden an das Finanzamt gezahlt.
3. ☐ In Deutschland zahlen alle Kirchensteuer.
4. ☐ Das Bruttogehalt ist höher als das Nettogehalt.

3 Eine Gehaltsabrechnung. Lesen Sie die Gehaltsabrechnung von Irina Bulgakova, Zahnarzthelferin und beantworten Sie die Fragen.

1. Wie viel verdient Irina Bulgakova brutto?

   ....
   ....

2. Wie viel verdient sie netto?

   ....
   ....

3. Wie viel Steuern bezahlt sie?

   ....
   ....

Monatsabrechnung April 2007

Steuerklasse	Familienstand	Zuständige Krankenkasse
V	verheiratet	EK BEK Nürnberg

Zahnarzt Dr. Müller
Ludwigstraße 65
90402 Nürnberg

Irina Bulgakova
Corneliusstraße 11
90459 Nürnberg

Gehalt	1600,00
Arbeitgeberanteil vermögenswirksame Leistungen	20,00
Lohnsteuer	418,50
Solidarzuschlag	23,01
Kirchensteuer evangelisch	33,48
Krankenversicherung	119,07
Rentenversicherung	157,95
Arbeitslosenversicherung	52,65
Pflegeversicherung	13,77
Summe Abzüge laufender Monat	818,43
Netto-Verdienst	801,57
Abzug vermögenswirksame Leistungen	40,00
Auszahlungsbetrag	761,57

Bank:
Stadtsparkasse Nürnberg BLZ 760 501 01
Kto.-Nr.: 34 56 78 001

4 Telefongespräche. Schreiben Sie Dialoge zu den folgenden Situationen.

1. Sie haben morgen früh einen Termin bei der Arbeitsagentur und können nicht kommen, weil Sie krank sind. Sie rufen an und der Arbeitsberater schlägt Ihnen einen neuen Termin nächsten Montag, 10 Uhr vor. Der Termin passt Ihnen gut. Sie beenden das Gespräch und bedanken sich.

2. Sie haben endlich eine neue Wohnung gefunden. Der Vermieter ruft Sie an und nennt Ihnen einen Termin, um den Mietvertrag zu unterschreiben. Sie bedanken sich und fragen noch, ob Sie den Betrag für die Kaution bar mitbringen sollen.

3. Sie rufen beim Bürgeramt in Ihrer Stadt an und fragen, wie Sie eine Lohnsteuerkarte bekommen können. Die Mitarbeiterin beim Bürgeramt sagt Ihnen, dass Sie die Karte sofort bekommen können. Sie müssen nur vorbeikommen und Ihren Personalausweis oder Reisepass mitbringen. Sie bedanken sich und beenden das Gespräch.

4. Sie rufen beim Einwohnermeldeamt an und fragen nach den Öffnungszeiten. Sie können nur spät nachmittags kommen, weil Sie tagsüber einen Deutschkurs haben. Die Mitarbeiterin sagt Ihnen, dass am Donnerstag bis 18 Uhr geöffnet ist. Sie bedanken sich für die Information.

5 Auf Wohnungssuche. Lesen Sie den Text und ergänzen Sie die Sätze.

In vielen Tageszeitungen finden Sie am Wochenende Wohnungsangebote. Oft steht in den Anzeigen eine Telefonnummer des Vermieters oder eine „Chiffre".

Frankfurt/Bornheim, 2 ZKB
Wfl. 50 m², 500 Euro + NK,
unter Chiffre AX5470

Dann schreibt man an die Zeitung mit Angabe der Chiffre und die Zeitung gibt den Brief dem Vermieter weiter. Viele Zeitungen haben auch eine Seite im Internet.

Oft zahlt man dem Vermieter eine Kaution in Höhe von ein bis zwei (maximal drei) Monatsmieten als Sicherheit. Der Mieter bekommt dieses Geld beim Auszug zurück.

Makler sind private Firmen, die Wohnungen vermitteln. Sie verlangen für ihre Tätigkeit oft eine Provision.

Auch das Wohnungsamt der Stadt kann bei der Wohnungssuche helfen. Zum Beispiel gibt es Sozialwohnungen für Menschen mit wenig Geld. Für eine Sozialwohnung braucht man einen Wohnberechtigungsschein. Den bekommt man vom Wohnungsamt. Dafür muss man eine Verdienstbescheinigung vorlegen.

Mitwohnzentralen vermieten Zimmer und manchmal auch ganze Wohnungen auf Zeit. Es gibt sie in allen größeren Städten, auch im Internet. Manche Leute, die in ihrer Wohnung einige Wochen oder Monate ein Zimmer frei haben, vermieten es. Die Zimmer sind oft möbliert und viel billiger als ein Hotel.

1. Am Wochenende findet man in den Tageszeitungen ....

2. Sie antworten auf eine Anzeige mit Chiffre und müssen ....
....

3. Die Kaution bekommt der .... und die Provision der ....

4. Beim Auszug bekommt der Mieter ....

5. Für eine Sozialwohnung braucht man ....
....

6. Mitwohnzentralen sind interessant: Sie ....
....

6 Praktische Wörter für Ihren Alltag. Markieren Sie auf den Seiten 68 bis 71 wichtige Wörter und ordnen Sie sie in die Tabelle.

Formulare/Pässe	Behörden/Ämter	Geld und Versicherung
Antrag Mietvertrag	Arbeitsagentur	Steuer

Leben in Deutschland 3

10 Feste und Geschenke

1 Weihnachtsgeschenke

a) Was meinen Sie? Was ist richtig? Kreuzen Sie an.

1. ☐ Das Weihnachtsgeschäft beginnt traditionell am 1. Dezember.
2. ☐ In Deutschland schenkt man nicht nur den Kindern etwas zu Weihnachten.
3. ☐ Die meisten Menschen freuen sich auch über Geschenke, die nicht teuer waren.
4. ☐ Früher haben sich die Kinder noch über Süßigkeiten zu Weihnachten gefreut.
5. ☐ Männer freuen sich nicht besonders über Krawatten und Socken.
6. ☐ Frauen kaufen sich ihre Weihnachtsgeschenke am liebsten selbst.
7. ☐ Manche Menschen verkaufen die Weihnachtsgeschenke, die ihnen nicht gefallen.

b) Lesen Sie den Text und vergleichen Sie Ihre Antworten mit dem Text.

Weihnachten ist das Fest der Liebe und Freude – und auch ein Fest der Geschenke. Schon Wochen vor dem 24. Dezember beginnt das große Einkaufen. Ab Ende November sind Straßen und Geschäfte in deutschen Städten für das Fest geschmückt, von überall grüßen fröhliche Weihnachtsmänner, und man hört im Radio und Supermarkt alte Weihnachtslieder. In dieser Zeit fragen sich viele, was sie ihren Lieben, die schon alles haben und sich auch nichts wünschen, zu Weihnachten schenken sollen.
Kinder machen es den Erwachsenen oft einfach. Sie bereiten gerne lange Wunschlisten vor. Die Weihnachtswünsche der Kleinsten können für die Eltern aber auch ein großes Problem sein. Wenn sie sich früher noch über ein paar Süßigkeiten und neue Socken gefreut haben, müssen heute oft Handys, Computer und elektronisches Spielzeug am Heiligabend unter dem Weihnachtsbaum liegen. Viele Haushalte haben aber nicht genug Geld für so teure Wünsche.
Natürlich sollen sich Weihnachten nicht nur die Kinder freuen. Auch für Partner, Eltern, Geschwister, Verwandte und gute Freunde legt man gerne etwas unter den Weihnachtsbaum. Eine Umfrage untersuchte im Jahr 2006 in Deutschland, welche Weihnachtsgeschenke Erwachsene lieber nicht bekommen möchten. Ganz oben auf dieser Liste waren bei den Frauen Gegenstände für Küche und Haushalt und bei den Männern Socken und Krawatten. Kleidung und Kosmetik waren in beiden Gruppen nicht beliebt. Nur 3 % der Männer und 5 % der Frauen sagten, dass sie sich

über jedes Geschenk freuen, auch dann, wenn sie es nicht schön finden. Ein Jahr vorher kam eine ähnliche Umfrage zu dem Ergebnis, dass es beim Schenken nicht so wichtig ist, was ein Geschenk kostet. Die Zeit, die man sich für das Geschenk nimmt, war 72 % der Befragten wichtiger! Nur 25 % meinten, dass sie sich besonders über teure Geschenke freuen.
Was soll man aber mit den Geschenken machen, die man nicht schön findet oder schon hat? Man kann versuchen, sie im Geschäft umzutauschen. Oder man bietet die Sachen ganz einfach im Internet zum Verkauf an. So bekommen viele Geschenke nach Weihnachten noch einmal eine zweite Chance!

c) Was passt zusammen? Verbinden Sie.

Bei Geschenken ist	1	a vor Weihnachten eine Wunschliste.
Kinder wünschen sich	2	b Geschenke, die viel kosten, besonders gut.
Manche Geschenke kann man	3	
Viele Männer und Frauen möchten	4	c Zeit wichtiger als Geld.
Nur sehr wenige freuen sich	5	d keine beliebten Weihnachtsgeschenke.
Viele Kinder schreiben	6	e zu Weihnachten keine Kleidung bekommen.
Badeschaum und Parfüm sind	7	f über jedes Geschenk.
Nur ein Viertel der Befragten findet	8	g heute oft sehr teure Geschenke.
		h im Geschäft umtauschen.

2 Feste und Jahreszeiten. Wann feiert man …? Kreuzen Sie an.

	Weihnachten	Ostern	Stadtfeste	Erntefeste	Silvester	Weinfeste	Karneval	Oktoberfest	Halloween	Valentinstag
1. Frühling	■	■	■	■	■	■	■	■	■	■
2. Sommer	■	■	■	■	■	■	■	■	■	■
3. Herbst	■	■	■	■	■	■	■	■	■	■
4. Winter	■	■	■	■	■	■	■	■	■	■

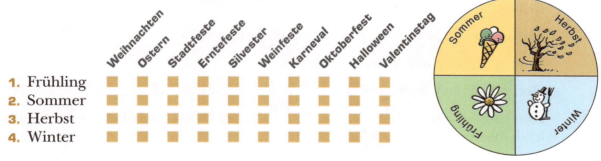

3 Feste und Feiern. Was passt? Ergänzen Sie.

1. *Valentinstag* — Blume – Geschenk – Brief – Herz – Liebe
2. .... Feier – Einladung – Geschenk – Paar – Gäste
3. .... Maske – Kostüm – Umzug – Rosenmontag
4. .... Bierzelt – Musik – Brezel – Maß – Kellnerin
5. .... Geister – Kinder – Kerze – Süßigkeiten – Kürbis
6. .... Frühling – Hase – Eier – Schokolade
7. .... Baum – Kerze – Geschenke – Familie
8. .... Alter – Kuchen – Kerze – Party – Geschenke

4 Verben mit Dativ und Akkusativ. Ergänzen Sie die Artikel, Pronomen und Possessivbegleiter im Dativ oder Akkusativ.

1. Herr Münte, bitte bringen Sie (die) ......*der*...... Chefin (die) ......*die*...... Bewerbungen.

2. Entschuldigung, können Sie (ich) .... kurz (Ihr) .... Kuli geben?

3. Ach, Sabine, zeigen Sie (unser) .... neuen Kollegen doch bitte (das) .... Labor.

4. Antonio gibt (sein) .... Lehrer (der) .... Praktikumsbericht.

5. Sagen Sie, haben wir (die) .... Kollegen eigentlich bis jetzt immer zum Betriebsjubiläum (ein) .... Gutschein geschenkt?

6. Bringt (wir) .... bitte zu Weihnachten (kein) .... Geschenk mit.

7. Schicken Sie (diese) .... Kunden bitte bald (eine) .... Weihnachtskarte.

8. Kauft ihr (euer) .... Eltern (ein) .... Geschenk zum 20. Hochzeitstag?

5 Verben mit Dativ. Ergänzen Sie.

1. **Ralf:** Hallo Bülent, wie gefällt ......*deinem*...... Vater der neue Computer?

   Bülent: Ich glaube, er gefällt ......*ihm*...... ganz gut. Er schreibt jetzt E-Mails an unsere Verwandten in der Türkei.

2. **Kellner:** Schmeckt .... das Essen nicht?

   Ulrike: Doch, ... schmeckt es sehr gut. Und ...., Peter?

   Peter: Na ja, ich finde es nicht so lecker.

3. **Herr Uhl:** Frau Unger, gehört .... diese Tasche?

   Frau Unger: Ja, die gehört .... Vielen Dank! Wo haben Sie sie gefunden? Ich habe sie schon gesucht!

4. ■ Entschuldigung, können Sie .... vielleicht helfen? Wir suchen das Sekretariat.

   ◆ Tut mir leid. Ich weiß auch nicht, wo das ist.

5. **Herr König:** Herr Lindner, ich möchte .... ganz herzlich zu Ihrem Lottogewinn gratulieren. Was machen Sie denn jetzt mit so viel Geld?

   Herr Lindner: Danke, Herr König. Ich arbeite ab heute nicht mehr bei Ihnen. Dieser Job hat .... noch nie besonders gefallen. Ich mache ab jetzt Urlaub!

6. Habt ihr morgen Zeit? Wir haben gestern einen neuen Kühlschrank gekauft. Könnt ihr .... beim Tragen helfen? Er steht noch in der Garage.

6 Präpositionen mit Dativ. Ordnen Sie die Sätze. Ergänzen Sie *aus*, *bei*, *nach*, *von*, *seit*, *zu* und *mit* und den Artikel.

Minimemo
bei dem = beim
von dem = vom
zu dem = zum
zu der = zur

1. das Schenken – ist – wichtig – nicht – **bei**
   Der Preis *ist beim Schenken nicht wichtig*.

2. zusammen – die Hochzeit – manche Gäste – frühstücken – noch – **nach**
   Am Morgen ....

3. einen Ring – meiner Freundin – die Verlobung – schenke – **zu**
   Ich ....

4. kannst – ich – in den Osterferien – wohnen – **bei**
   Du ....

5. bekommt – immer – seine Oma – Socken – **von**
   Er ....

6. ausziehen – die Wohnung – möchten – vor Ostern – **aus**
   Wir ....

7. uns – eure Umzugsparty – gesehen – nicht – haben – mehr – wir – glaube – , – **seit**
   Ich ....

8. du – wirklich – telefoniert – hast – das Christkind – **mit**
   Mama, ... ?

7 Dativ oder Akkusativ? Markieren Sie.

1. Frau Sommer wünscht ihrem Kollegen *(Dat./Akk.)* ein frohes neues Jahr *(Dat./Akk.)*.
2. Sind Sie schon mit dem neuen Auto *(Dat./Akk.)* von Ihrer Tochter *(Dat./Akk.)* gefahren?
3. Diese Sonnenbrille gehört mir *(Dat./Akk.)* nicht.
4. Mit dem Foto *(Dat./Akk.)* kannst du dich *(Dat./Akk.)* wirklich nicht bewerben!
5. Bitte helfen Sie Frau Schröder *(Dat./Akk.)* bei der Terminplanung *(Dat./Akk.)*.
6. Kinder, ich kaufe euch *(Dat./Akk.)* heute ganz sicher keine Süßigkeiten *(Dat./Akk.)*!
7. Schmeckt euch *(Dat./Akk.)* die Pizza nicht?
8. Unsere Nachbarn haben gestern geheiratet. Hast du ihnen *(Dat./Akk.)* schon gratuliert?

8 Bleigießen – ein alter Silvesterbrauch. Formulieren Sie Sätze wie im Beispiel.

Das *Bleigießen* ist ein alter Silvesterbrauch. Nach Mitternacht legt man etwas Blei, das ist ein Metall, auf einen Löffel und hält ihn ein paar Minuten über eine Kerze. Wenn das Blei fast wie Wasser ist, lässt man es schnell in kaltes Wasser fallen. Schon ist die Bleifigur fertig. Jede Figur hat eine andere Bedeutung für die Zukunft.

1. Blume – du findest neue Freunde
   Wenn deine Figur wie eine Blume aussieht, (dann) findest du neue Freunde.

2. Tor – du ziehst bald um

3. Schere – du musst dich bald für oder gegen etwas entscheiden

4. Vogel – du hast viel Glück

5. Herz – du verliebst dich bald

6. Treppe – du hast Erfolg im Beruf

7. Brezel – du hast Probleme in der Liebe

8. Brille – du wirst sehr alt

9. Messer – deine Situation ist gefährlich

10. Ring – du heiratest bald

9 Wann sagt man das? Kreuzen Sie die richtige Antwort an.

1. Herzlichen Glückwunsch!
   a) ☐ Wenn man sich entschuldigen möchte.
   b) ☐ Wenn man jemandem gratuliert.
   c) ☐ Wenn jemand gestorben ist.

2. Das tut mir wirklich leid!
   a) ☐ Wenn man sich begrüßt.
   b) ☐ Wenn man sich entschuldigen möchte.
   c) ☐ Wenn man sich lange nicht gesehen hat.

3. Alles Gute!
   a) ☐ Wenn man sich (für eine längere Zeit) verabschiedet.
   b) ☐ Wenn jemand viel Glück gehabt hat.
   c) ☐ Wenn jemand etwas gut gemacht hat.

4. Viel Glück!
   a) ☐ Wenn man wütend ist.
   b) ☐ Wenn man jemandem helfen möchte.
   c) ☐ Wenn jemand sich um eine neue Stelle bewirbt.

5. Gute Besserung!
   a) ☐ Wenn man sich verabschiedet.
   b) ☐ Wenn jemand schlechte Laune hat.
   c) ☐ Wenn jemand krank ist.

6. Viel Erfolg!
   a) ☐ Wenn jemand bald eine Prüfung macht.
   b) ☐ Wenn es schon seit drei Tagen regnet.
   c) ☐ Wenn man Hilfe braucht.

11 Mit allen Sinnen

1 Medienberufe: Wer schminkt eigentlich die Schauspieler?

a) Ordnen Sie den Text.

■ Die Maskenbildnerin muss nun aus der fröhlichen jungen Schauspielerin die Mutter „Ruth Wagner" machen. Sie beginnt mit der Arbeit. Petra ändert zuerst die Haarfarbe und Frisur der Schauspielerin. Dann schminkt sie Anna, bis sie wirklich ganz rote Augen vom vielen Weinen hat und richtig traurig und müde aussieht. Nach 25 Minuten ist Anna fertig.

■ Die zweite Szene ist endlich fertig. Der Vormittag war sehr anstrengend, aber die Arbeit hat auch wieder Spaß gemacht. Vor der Mittagspause bereitet Petra die Sachen für den Nachmittag vor. Sie darf auf keinen Fall die Blutschminke vergessen. Dann isst sie noch schnell einen Salat und steigt in den Bus ein, mit dem das Filmteam zum nächsten Drehort fährt. Der kleine Sohn von Anna hat da einen schweren Verkehrsunfall.

1 Petras Arbeitstag beginnt immer mit einem Blick in das Drehbuch. Sie muss ganz genau wissen, welche Szenen dran sind, denn nur so kann sie das Aussehen der Schauspieler und Schauspielerinnen richtig vorbereiten. Manchmal müssen die Schauspieler traurig aussehen, oder sie spielen eine Rolle, in der sie ganz alt oder sehr krank sind.

■ Jetzt läuft die Kamera! Petra sieht sich Annas Aussehen sehr genau an: Sind Schminke und Frisur noch richtig? Wenn sie einen Fehler sieht, muss sie ihn in der nächsten Pause so schnell wie möglich korrigieren. Aber zum Glück ist alles o. k. In der nächsten Szene hat Ruth Wagner ein Bewerbungsgespräch. Petra muss Anna schnell eine neue Frisur machen und die Schminke ändern.

■ Das richtige Aussehen ist Petras Aufgabe. Sie ist Maskenbildnerin. Heute Morgen kommt zuerst die Schauspielerin Anna zu Petra. Sie setzt sich gleich an den Schminktisch, und die beiden Frauen unterhalten sich noch kurz über das Drehbuch. In dem Film, in dem Anna als Mutter von vier kleinen Kindern eine Hauptrolle spielt, hat sie gerade ihre Arbeit verloren.

b) Wie nennt man Petras Beruf?

c) Lesen Sie den Text noch einmal. Welche Kurzbeschreibung passt am besten zu dem Film? Kreuzen Sie an.

Familie Wagner
Der Film erzählt die traurige Geschichte einer Mutter von vier kleinen Kindern, die zuerst ihre Arbeit und dann bei einem tragischen Unfall fast ihren Sohn verliert. Sie hat Glück im Unglück, als sie im Krankenhaus den Pfleger Martin kennen lernt. Aber wird am Ende wirklich alles gut?

1. ☐

Kinder, Kinder
Ruth Wagner, 45 und geschieden, verliert plötzlich ihre Arbeit als Maskenbildnerin am Stadttheater. Auf dem Weg zu einem Bewerbungsgespräch hat sie dann auch noch einen Verkehrsunfall. Sie muss mit schweren Verletzungen ins Krankenhaus. Wer bleibt nun bei ihren Kindern?

2. ☐

Michael
Der kleine Michael liegt schon seit zwei Wochen im Krankenhaus, weil er einen Unfall hatte. Ein paar Tage später verliert seine Mutter auch noch ihre Arbeit und weiß jetzt nicht, wie sie die Miete für den nächsten Monat bezahlen soll. Sehen Sie in dieser Tragikomödie, wie der Sohn seiner Mutter in dieser schwierigen Situation hilft.

3. ☐

2 Wortschatz Kino und Theater. Ergänzen Sie.

Goldener Bär

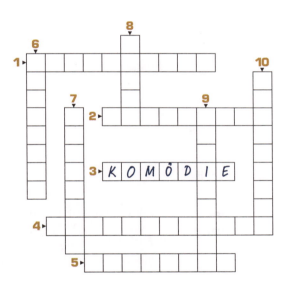

3. KOMÖDIE

senkrecht

1. Alle Schauspieler hoffen, dass sie einmal die große ... spielen können.
2. Der Goldene Bär ist der höchste ... der Internationalen Filmfestspiele Berlin.
3. Wir waren gestern in einer ... und haben viel gelacht!
4. ... arbeiten auf der Bühne oder vor der Kamera.
5. Viele Schauspieler träumen von der großen ... in Hollywood.

waagerecht

6. Die ... dieses Films ist einfach: Die Geschichte erzählt aus dem Alltag von zwei Freunden.
7. In einem ... steht nicht nur der Text für die Schauspieler.
8. Abends kann man im Fernsehen oft einen ... sehen.
9. Ein ... leitet die Dreharbeiten beim Film oder im Theater.
10. Menschen, die sich einen Film oder ein Theaterstück ansehen, nennt man ... .

3 Was gibt's Neues?

a) Markieren Sie den Genitiv in den Zeitungsüberschriften.

1. Kältester Mai **des Jahrhunderts**
2. Indien Gastland der Internationalen Buchmesse 2006
3. Eine Frage des Geschmacks
4. Einladung zum „Fest der Farben": Picasso, Van Gogh und Klee im Kunsthaus
5. Verein der Tierfreunde feiert 25. Geburtstag
6. Bewohner der Marktstraße sammelten 500 Unterschriften
7. Start der Renovierungsarbeiten erst im April
8. Erste Vorstellung des Tanztheaters im neuen Haus
9. Lauryn Williams aus Florida schnellste Frau der Welt
10. Diagonale 07: Eröffnung des 10. Festivals des österreichischen Films in Graz

b) Schreiben Sie die Nomen im Nominativ in die Tabelle.

Singular			Plural
der	die	das	die
....	Buchmesse	....	....
....	....	....	....
....	....	....	....

c) Welche Überschriften aus Aufgabe a) passen zu diesen Artikeln? Ergänzen Sie auch die fehlenden Artikel im Genitiv.

1. ....
Zürich. Vom 10. Februar bis zum 14. Mai 2007 zeigt das Kunsthaus Zürich eine .... wichtigsten Privatsammlungen .... modernen Kunst: die Sammlung Merzbacher-Mayer. Die Credit Suisse ist offizieller Partner .... „Fests der Farben".

2. ....
Offenbach. Nach Aussagen .... deutschen Wetterdienstes gibt es in diesem Mai eine Rekordkälte. Besonders im Norden und Nordosten .... Bundesrepublik können die Temperaturen nachts unter 0° Celsius fallen.

3. ....
Mannheim. Der Lärm .... Baustelle für den neuen Busbahnhof in der Marktstraße ist zu groß. Wie die Sprecherin .... Bewohner heute erklärte, ist es manchmal so laut, dass man nicht mehr in Ruhe telefonieren oder fernsehen kann.

4 Indefinita

a) Markieren Sie Singular (Sg.) oder Plural (Pl.).

1. Hast du heute Abend etwas *(Sg./Pl.)* Zeit für mich? Ich muss mal mit dir reden.
2. Einige *(Sg./Pl.)* Menschen sind wirklich nie zufrieden.
3. Eure Party war toll. Alle *(Sg./Pl.)* Gäste haben viel Spaß gehabt!
4. Mir hat nicht alles *(Sg./Pl.)* gefallen, was du gestern gesagt hast.
5. Meine Freundin hat leider nur wenig *(Sg./Pl.)* Interesse an Fußball.
6. Es gibt nicht viele *(Sg./Pl.)*, die immer so gute Laune haben wie du.
7. Nur wenige *(Sg./Pl.)* sind mit dem Testergebnis zufrieden.
8. Manche *(Sg./Pl.)* Bücher finde ich wirklich langweilig.
9. Kann mir jemand *(Sg./Pl.)* sagen, wie viel die Eintrittskarten gekostet haben?
10. Hat sich wirklich niemand *(Sg./Pl.)* auf die Anzeige gemeldet?

b) Ergänzen Sie die Tabelle.

Grammatik		
	Singular	etwas, ...
	Plural	....

5 Ein Abend zu Hause.
Ergänzen Sie die Wechselpräpositionen *in*, *auf*, *zwischen* und *vor* und die Artikel.

Minimemo: in dem = im / in das = ins / auf das = aufs

1. ■ Was läuft heute Abend eigentlich ......*im*...... Fernsehen?
   ◆ Keine Ahnung. Ich habe noch nicht .... Programmheft gesehen.

2. ■ Gehst du .... Küche?
   ◆ Ja, warum? Brauchst du etwas?
   ■ .... Tisch steht ein Glas mit Apfelsaft. Bringst du mir das bitte mit?

3. ■ .... Zeitung steht, dass heute Abend auf RTL der „Da Vinci Code" läuft.
   ◆ Den habe ich schon .... Flug nach New York gesehen. Da gab es wenigstens keine Werbung für Suppen und Autos .... spannendsten Szenen.

4. ■ Setz dich doch nicht so nah .... Fernseher! Das ist nicht gut für deine Augen.
   ◆ Wenn ich nicht so nah .... Fernseher sitze, sehe ich aber nicht so gut.
   ■ Ich sage es ja immer, du brauchst eine Brille.

5. ■ Komm doch mal zu mir .... Sofa und schau mit mir den Film an.
   ◆ Danke, ich sitze lieber hier .... Stuhl und lese noch etwas.

6 Alles mit Dativ – aber warum? Ergänzen Sie die Endungen der Artikel und Possessivbegleiter. Ordnen Sie dann A (Präposition und Dativ) oder B (Wechselpräposition + Dativ) zu.

Jürgen Vogel, geboren am 29. April 1968 in Hamburg, lebt in seiner Kindheit und Jugend zusammen mit sein _en_ ¹(A) Eltern und drei Geschwistern in ein_____²(■) Stadtteil von Hamburg. Mit neun Jahren steht er schon als Model für Kindermoden vor d_____³(■) Kamera. 1986 meldet er sich bei ein_____⁴(■) Schauspielschule in München an. Er hat von d_____⁵(■) Schule aber schon nach ein_____⁶(■) Tag genug und zieht nach Berlin. Da sucht er Jobs beim Film, arbeitet als Koch in ein_____⁷(■) Großküche und als Paketfahrer bei d_____⁸(■) Post. Spätestens seit sein_____⁹(■) Rolle in Sönke Wortmanns Überraschungserfolg „Kleine Haie" 1992 gehört Jürgen Vogel zu d_____¹⁰(■) bekanntesten Stars des jungen deutschen Films. Er hat schon in über 80 Kino- und Fernsehfilmen mitgespielt.

Bei den 56. Internationalen Filmfestspielen in Berlin gab es für Jürgen Vogel 2006 den Silbernen Bären.

7 Kleine Zeichen in SMS und E-Mail. Was bedeuten sie? Ordnen Sie die Wörter zu.

küssen – laut rufen – glücklich sein – traurig sein – ~~wütend sein~~ – weinen

1. :-) _____ 4. :-x _____
2. :-I _wütend sein_____ 5. :-0 _____
3. :-(_____ 6. :'-(_____

8 Emotionen ausdrücken

a) *Auf* oder *über*? Markieren Sie. Wo passen beide Präpositionen?

1. sich ärgern 2. sich freuen 3. wütend sein 4. sauer sein 5. traurig sein

	1	2	3	4	5
auf	■	■	■	X	■
über	■	■	■		■

b) Ergänzen Sie die Präpositionen und Artikel im Akkusativ.

1. Wir haben uns .... vielen Geschenke und Glückwünsche zu unserer Hochzeit sehr gefreut! Vielen Dank!

2. Ich bin sauer .... Chef von Maria, weil er ihr am Valentinstag nicht frei gibt.

3. Markus ist schon wieder wütend .... Nachbarn. Sie waren gestern Abend aber auch wirklich sehr laut.

4. Ärgert ihr euch auch so .... neuen Eintrittspreise im Kino? Die sind jetzt ganz schön teuer!

5. Unsere Kinder freuen sich schon seit Wochen .... Karnevalsfest an ihrer Schule. Sie möchten sich beide als Superman verkleiden.

6. Wir sind traurig .... plötzlichen Tod unserer Katze. Sie fehlt uns sehr!

9 Die beste Freundin. Verbinden Sie die Sätze mit Relativpronomen.

1. Ich bin heute Abend mit Anja verabredet.
   Kennst du eigentlich Anja, *mit der ich heute Abend verabredet bin?*

2. Ich kann mit ihr über alles reden.
   Anja ist eine alte Freundin, ...

3. Wir haben früher oft in ihrem Haus in Frankreich zusammen Urlaub gemacht.
   Hier ist ein Photo von dem Haus, ...

4. In diesem Haus wohnt Herr Dupont, der Vermieter.
   Das ist das Haus, ...

5. Ich spiele gern mit Anjas Kindern.
   Hier siehst du Anjas Kinder, ...

6. Ich habe Tim letztes Jahr hier in Berlin einen Ferienjob besorgt.
   Tim ist der älteste Sohn von Anja, ...

7. Man kann in dem Restaurant auch gut vegetarisch essen.
   Oh nein, schon so spät! Ich muss Anja noch anrufen. Kennst du vielleicht ein nettes Restaurant, ...

8. Ich habe mich gestern mit Regina und Stefan gestritten.
   Du meinst das Restaurant „Grüne Gurke" in der Schillerstraße? Lieber nicht.
   Da gehen Regina und Stefan immer hin, ...

12 Erfindungen und Erfinder

1 Das grüne Gold aus Südamerika

a) Lesen Sie den Text.

Die Kartoffelpflanze

Die Kartoffel wurde im 16. Jahrhundert von spanischen und englischen Seefahrern aus Südamerika nach Europa gebracht. Es sollte aber noch einige Zeit dauern, bis sie in Europa ankam. ⁵In den ersten Jahren bewunderte man die Pflanze vor allem in den Schlossgärten europäischer Königshäuser als exotische Blume.

Zu dieser Zeit war in Europa noch nicht bekannt, dass man die kleinen grünen Früchte der ¹⁰Kartoffel nicht essen kann. Sie schmecken sehr bitter und man bekommt von ihnen Hals- und Bauchschmerzen. Heute wissen wir nicht genau, wie die Europäer lernten, welchen Teil der Kartoffelpflanze man essen kann. Aber sicher ist, dass ¹⁵sich viele Menschen ein Leben ohne Kartoffeln heute nicht mehr vorstellen können.

Schon im 19. Jahrhundert war die Kartoffel in vielen Regionen Europas eines der wichtigsten Lebensmittel. Dann passierte ein großes Un- ²⁰glück: 1845 erreichte eine neue Krankheit aus Nordamerika Europa. Wenige Wochen vor dem Termin für die Ernte wurde das grüne Laub der Pflanzen im August plötzlich schwarz, und man konnte die Kartoffeln nicht mehr ernten. In den ²⁵Geschichtsbüchern wird berichtet, dass die folgende Hungerkatastrophe allein in Irland in den nächsten drei Jahren fast zwei Millionen Menschen in den Tod führte. Sehr viele wanderten deshalb in dieser Zeit nach Amerika aus.

³⁰Heute werden aus Kartoffeln nicht nur Lebensmittel, sondern auch viele Produkte hergestellt, die man ganz sicher auf keiner Speisekarte findet. Aus dem Mehl der Kartoffel gewinnt die Industrie zum Beispiel Rohstoffe für Bioverpa- ³⁵ckungen.

b) Was steht im Text? Geben Sie die Zeilennummern an.
Was ist neu? Markieren Sie.

	Zeilen	neu
1. Die Kartoffel kam im 16. Jahrhundert nach Europa.	....	▪
2. Die Tomate wurde auch aus Südamerika nach Europa gebracht.	....	▪
3. Man wird krank, wenn man die Früchte der Kartoffelpflanze isst.	10–12	▪
4. Kartoffeln werden in der Herstellung von Medikamenten und Papier gebraucht.	....	▪
5. In Deutschland werden im Jahr pro Kopf 60–70 Kilo Kartoffeln gegessen.	——	✗
6. Die Kartoffel wurde anfangs als Gartenblume bewundert.	....	▪
7. Kartoffeln müssen vor dem Essen unbedingt gebraten oder gekocht werden.	....	▪
8. In vielen Gegenden werden Kartoffeln auch „Erdäpfel" genannt.	....	▪
9. Eine Kartoffelpflanze kann krank werden.	....	▪
10. Kartoffeln werden heute von vielen Menschen gern gegessen.	....	▪

2 Wie der Alte Fritz die Preußen das Kartoffelessen lehrte

a) Ordnen Sie die Wörter.

In der Regierungszeit von Friedrich dem Großen, der oft auch der „Alte Fritz" ENANTNG ....¹ wird, hatten die MESHCENN ...Menschen...² in Preußen oft nicht genug zu SSEEN ....³. Da lernte er, dass KRAFFTLNOE ....⁴ gut schmecken und fast überall AWCHENS ....⁵ können.

Die RBAUNE ....⁶ in Preußen wollten aber keine Kartoffeln produzieren. Sie hatten GSTNA ....⁷, weil sie glaubten, dass man von Kartoffeln NKKRA ....⁸ wird. Zu der Zeit EMEINT ....⁹ man sogar, dass Kartoffeln BNLDI ....¹⁰ machen können, weil sie im Dunkeln wachsen. Deshalb musste Friedrich der Große den Bauern BEHFELEN ....¹¹, Kartoffeln zu produzieren. Aber auch das half nicht viel.

Es wird oft berichtet, dass er die Bauern nur mit einem TIRKC ....¹² überzeugen konnte. Seine Männer mussten Tag und CHNAT ....¹³ an den ersten großen Kartoffelfeldern STHNEE ....¹⁴ und auf die Kartoffeln aufpassen. Als die Bauern das sahen, dachten sie, dass die Kartoffeln sehr wertvoll sein mussten. Da HOTLNE ....¹⁵ sie sich nachts Pflanzen von den Feldern. Der LNPA ....¹⁶ des „Alten Fritz" war erfolgreich. LBDA ....¹⁷ gab es überall Kartoffelfelder und nicht mehr so viel Hunger im Land.

Friedrich der Große (1712–1786)

b) Lesen Sie den Text noch einmal und ordnen Sie den Textablauf.

1 *Dann* gab er seinen Bauern den Befehl, Kartoffeln zu produzieren.

2 *Zum Schluss* haben die Bauern doch noch Kartoffeln produziert.

3 *Danach* gab es aber immer noch nicht genug Kartoffeln.

4 *Zuerst* hörte Friedrich der Große, dass Kartoffeln lecker sind.

5 *Dann* benutzte er einen Trick, um die Bauern von seiner Idee zu überzeugen.

3 Wortschatz Tortenrezept

a) Ergänzen Sie die Wörter im Rätsel. Wie heißt das Lösungswort?

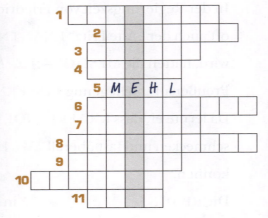

1. Das sind rote Früchte. Sie wachsen auf Bäumen und schmecken sehr lecker. Im Schwarzwald gibt es besonders viele!
2. Sie sind außen braun und innen weiß. Es sind aber keine Nüsse. Man kann aus ihnen Marzipan machen.
3. Er ist weiß oder braun und süß.
4. Sie ist weiß und schmeckt auch im Kaffee oder Tee und auf Erdbeeren gut.
5. Es ist weiß und man braucht es auch zum Brotbacken.
6. Man kann sie aus vielen verschiedenen Früchten machen. Sie schmeckt zum Frühstück auf frischen Brötchen sehr lecker.
7. Sie kommt zwischen das Brötchen und die Marmelade.
8. Es gibt braune und weiße, bittere und süße. Sie wird aus Kakaobohnen gemacht.
9. Sie sind orange und wachsen unter der Erde.
10. Das ist ein Wort für Erdbeeren, Kirschen, Äpfel, Ananas etc.
11. Sie sind außen weiß oder hellbraun. Ohne Hühner gibt es keine!

Lösungswort .... E ....

b) Welche Zutaten gehören nicht in die Torte aus dem Lösungswort?

....

4 Backe, backe Kuchen. Ein altes deutsches Kinderlied. Lesen Sie laut.

Backe, backe Kuchen, der Bäcker hat gerufen! Wer will guten Kuchen backen, der muss haben sieben Sachen: Eier und Schmalz*, Butter und Salz, Milch und Mehl, Safran** macht den Kuchen gehl***.

* Das ist Fett vom Schwein.
** Das ist ein Gewürz, das die Speisen gelb färbt.
*** gehl = altes Wort für gelb

5 Wozu braucht man das? Ordnen Sie zu und schreiben Sie Sätze mit *um ... zu ...*

~~Lebensmittel kühlen~~ – Brot backen – Kopien machen – Kaffee kochen –
sich waschen – sich die Zähne putzen – E-Mails schreiben – Freunde anrufen –
sich die Nachrichten anhören – einen Notarzt rufen

1. Einen Kühlschrank *braucht man, um Lebensmittel zu kühlen*.
2. Ein Radio ....
3. Einen Ofen ....
4. Die Notrufnummer ....
5. Zahnpasta ....
6. Ein Telefon ....
7. Einen Kopierer ....
8. Einen Computer ....
9. Wasser ....
10. Eine Kaffeemaschine ....

6 Aspirin für kranke Gummibäume. Ergänzen Sie die Haushaltstipps.

1. *Brot ist wieder ofenfrisch:* Altes und trockenes Brot wird kurze Zeit mit etwas Wasser in ein Tuch gepackt und dann 20 Minuten im Ofen gebacken, **damit** *es wieder ofenfrisch ist* .

2. *Kaffee bleibt länger frisch:* Kaffee wird in den Kühlschrank gestellt, **damit** ....

3. *Beim Zwiebelschneiden nicht weinen:* Man schneidet Zwiebeln unter kaltem Wasser, **um** .... **zu** ....

4. *Dunkle Stellen aus Teetassen entfernen:* Man gibt für ein paar Stunden etwas Backpulver und heißes Wasser in die Teetasse, **um** .... **zu** ....

5. *Der Gummibaum wird wieder gesund:* Wenn ein Gummibaum nicht mehr wächst, steckt man eine Aspirin in die Blumenerde, **damit** ....

6. *Rosen sehen in der Vase länger schön aus:* Man stellt Rosen mit etwas Zucker in warmes Wasser, **damit** ....

7 Die Z3 von Konrad Zuse. Passiv im Präteritum

a) Ergänzen Sie die beiden Tabellen.

Grammatik

Präteritum	
ich	....
du	wurdest
er/es/sie	....
wir	....
ihr	wurdet
sie	....

Konrad Zuse mit seiner Erfindung, der Rechenmaschine Z3.

Grammatik

Infinitiv	Partizip II	Infinitiv	Partizip II
entwickeln	....	herstellen	....
zeigen	....	bauen	....
schreiben	....	erfinden	....
vorstellen	....	nennen	....

b) Ordnen Sie die Wörter und ergänzen Sie die Sätze.

1. der – in – Erfinder – von – vorstellen – Konrad Zuse – 12.5.1941 – Berlin – am

   Die Z3 *wurde am 12.5.1941 von dem Erfinder Konrad Zuse in Berlin vorgestellt*.

2. in – bauen – Werkstatt – kleine – eine

   Diese große Maschine zum Rechnen ....

3. nennen – Computer – noch nicht

   Die ersten Rechenmaschinen ....

4. herstellen – 1960 – Firma Zuse – die – von

   Das Original ....

5. Z3 – Montreal – Weltausstellung – die – die – zeigen – auf – in

   Im Jahr 1967 ....

6. Konrad Zuse – entwickeln – von – auch

   Eine der ersten Programmiersprachen ....

7. bis – 1936 – von – von – Konrad Zuse – aufschreiben – 1995

   Alle seine Erfindungen, Patente und Vorlesungen ....

8 Passiv mit *werden* oder *wurden*? Ergänzen Sie die Verben im Passiv. Achten Sie auf die Konjugation und die richtige Zeit.

testen – erfinden – machen – bringen – überraschen – fragen – ~~herstellen~~ – entdecken

1. Schokolade ......*wird*...... aus Kakaobohnen, Milch und Zucker ......*hergestellt*......
2. .... ihr gestern auch vom Regen ....?
3. Wir .... am nächsten Freitag in Englisch ....
4. .... du heute auch so oft ...., ob du meine Schwester bist?
5. Es .... heute viele Versuche ...., Texte mit Hilfe von Computern zu übersetzen.
6. Die Kartoffel .... im 16. Jahrhundert nicht ...., sondern ....
7. Ich .... als Kind oft von meinen Eltern zu meiner Oma ....

9 Gute Idee?

a) Wiederholen Sie Relativsätze.

1. Ich wünsche mir ein Auto. Es kann sehen. *Ich wünsche mir ein Auto, das sehen kann.*
2. Ich möchte ein neues Computerprogramm. Es kann Texte laut vorlesen.
   ....
3. Ich träume von einer elektrischen Zahnbürste. Sie macht beim Zähneputzen Musik.
   ....
4. Ich möchte eine Brille. Ich kann mit ihr die Gedanken anderer Menschen lesen.
   ....
5. Ich wünsche mir Lebensmittelverpackungen. Man kann sie auch essen.
   ....
6. Ich möchte ein intelligentes Haus. In dem Haus ist die Temperatur immer 22° Celsius.
   ....
7. Ich denke an ein System. Es beschreibt beim Autofahren den Weg.
   ....
8. Ich wünsche mir Filme. In den Filmen sieht, hört und riecht man die Handlung.
   ....

b) Noch ein Traum oder schon Wirklichkeit? Was meinen Sie? Markieren Sie.

	1.	2.	3.	4.	5.	6.	7.	8.
Das gibt es schon!	■	■	■	■	■	■	■	■

Leben in Deutschland 4

1 **Wofür geben die Deutschen ihr Geld aus?** Beschreiben Sie die Statistik.

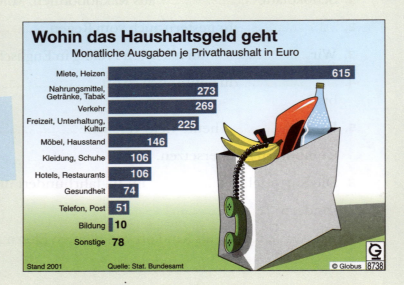

Am meisten geben die Deutschen für Miete und Heizung aus. Für die Gesundheit geben sie …

Landeskunde: Viele Sachen kann man auch gebraucht kaufen, z. B. in Second-Hand-Läden oder auf Flohmärkten. In manchen Städten gibt es Zeitungen mit vielen Kleinanzeigen, in denen so gut wie alles angeboten wird. Oder Sie schauen ins Internet, dort finden Sie viele spezielle Seiten, wie z. B. www.kijiji.de; www.ebay.de.

2 **Meine Stadt – In der Bibliothek.** Lesen Sie den Text und beantworten Sie die Fragen.

Besuchen Sie doch einmal die Bibliothek in Ihrer Stadt. Die Bibliotheken heißen oft „Stadtbibliothek" oder „Stadtbücherei". Dort können Sie Bücher, DVDs, CDs und Kassetten ausleihen, Zeitungen und Zeitschriften lesen oder nach einem Spiel für Ihre Kinder suchen. Das Angebot gibt es oft auch in vielen Fremdsprachen. In der Bibliothek finden Sie auch Lernprogramme, z. B. Sprachkurse und einen Internetzugang. Das Ausleihen ist kostenlos, Sie müssen aber eine Jahresgebühr bezahlen. Für die Anmeldung brauchen Sie Ihren Pass.

1. Was braucht man für die Anmeldung?
2. Was können Sie ausleihen?
3. In der Bibliothek kann man lesen, aber auch …
4. Was gibt es für Kinder?

Fragen Sie in Ihrer Bibliothek nach folgenden Informationen:
- Haben Sie ein Anmeldeformular?
- Wie hoch ist die Jahresgebühr?
- Gibt es Ermäßigungen?
- Wie sind die Öffnungszeiten?
- Wie lange können Sie die Bücher etc. ausleihen?

3 Die GEZ.
Ihre Freundin hat Ihnen eine E-Mail geschrieben. Lesen Sie den Text und die Informationen und ergänzen Sie die Antwort.

Liebe Maria,

sag mal, ich habe gehört, dass man in Deutschland jeden Monat Geld zahlen muss, wenn man einen Fernseher hat. Stimmt das? Du lebst doch schon längere Zeit hier. Danke für eine Info.

Liebe Grüße
Julia

Wenn Sie ein Radio oder einen Fernseher haben, müssen Sie Rundfunkgebühren an die GEZ (= Gebühreneinzugszentrale) zahlen. Formulare gibt es bei Banken und Sparkassen. Sie können sich auch online anmelden unter: www.gez.de. Die monatliche Gebühr für ein Radio beträgt 5,52 Euro, für Fernseher und Radio zusammen 17,03 Euro (Stand 2007). Die Gebühren zahlt man alle drei Monate. Wenn Sie Kabelfernsehen haben, kostet das monatlich auch noch eine Gebühr. Diese zahlen Sie zusammen mit Ihrer Miete oder direkt an die Firma, die den Kabelanschluss gelegt hat.

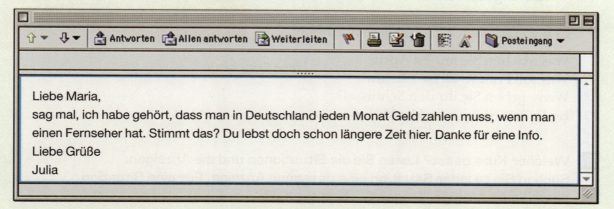

Liebe Julia,

ja, das ist ....¹ . Wenn du einen Fernseher hast, musst du alle drei ....² ungefähr 50 Euro zahlen. Das Geld geht an die ....³, schau doch mal im ....⁴ unter: www.gez.de. Das ....⁵ gibt es auch bei Banken und Sparkassen. Ist schon ganz schön teuer. Hast du auch ....⁶ ? Dann musst du jeden Monat noch etwas extra zahlen. Frag dann doch bei dir im Haus, ob das mit der Miete bezahlt wird oder an wen du das zahlen musst.

Liebe Grüße,
Maria

4 **Eine Nachricht hinterlassen.** In Ihrem Haus finden Sie die folgende Notiz.
Sie sind am 19. April nicht da. Bitten Sie Ihre Nachbarin, Frau Krull, die Firma in die Wohnung zu lassen.

a) Sie rufen Frau Krull an. Schreiben Sie das Telefongespräch.

b) Sie schreiben ihr eine kurze Nachricht.

Was machen Sie am 19. April?
Was soll Frau Krull für Sie tun?
Wann geben Sie ihr den Schlüssel?
Bedanken Sie sich für die Hilfe.

*Liebe Frau Krull,
…*

5 **Welcher Kurs passt?** Lesen Sie die Situationen und die Anzeigen. Suchen Sie zu jeder Situation eine passende Anzeige. Für eine Situation passt keine Anzeige. Tragen Sie hier ein X ein.

1. ▪ Ihre Tochter ist in der Schule schlecht in Französisch.
2. ▪ Sie sind immer nervös und können nachts schlecht schlafen. Sie haben zu viel Arbeit und zu viele Probleme.
3. ▪ An Ihrem Arbeitsplatz haben Sie keine Probleme, mit Ihren Kollegen auf Deutsch zu sprechen. Aber bei Telefongesprächen sind Sie noch unsicher.
4. ▪ Sie haben noch nie mit dem Computer gearbeitet und brauchen Hilfe.
5. ▪ In Ihrem Heimatland haben Sie eine Ausbildung zum Buchhalter gemacht. Sie möchten gern in Deutschland in Ihrem Beruf arbeiten und suchen einen Kurs, in dem Sie lernen, wie Buchhaltung in Deutschland funktioniert.
6. ▪ Sie besuchen einen Deutschkurs an der Volkshochschule und suchen einfache Bücher auf Deutsch.
7. ▪ Sie möchten auch nach der Arbeit am Abend etwas Sport machen.
8. ▪ Sie möchten mehr über das Internet lernen. Grundkenntnisse haben Sie schon.

**Aufbaukurs:
Sichere Navigation im Internet**

Sie haben bereits Interneterfahrung, Sie möchten aber noch mehr wissen. Sie lernen mehr über das www, E-Mail-Funktionen und den Chat.

Tel. Anmeldung und Informationen über Termine während der Öffnungszeiten unter 0551-234127

a

Stress erleben, verstehen und bewältigen

Stress erleben wir in vielen Situationen und reagieren oft sehr unkontrolliert. Ursache für Stress können sein: Zeitdruck, Probleme im Beruf oder in der Partnerschaft oder Freizeit. Hier lernen Sie Strategien, in Stresssituationen ruhiger zu bleiben.

VHS Frankfurt-Höchst
Ort: Bildungs- und Kulturzentrum
10. März, 18.30 – 20.00 Uhr
40 Euro

b

VOLKSHOCHSCHULE TUTTLINGEN

Grundkurs: Buchhaltung
Der Grundlehrgang dient der systematischen und praxisbezogenen Einführung in die doppelte Buchführung. Der Kurs kann mit einer Verbandsprüfung abgeschlossen werden.

Zeit: Di 20.15–21.45 Uhr
Beginn: 1.2.2005, 10 Wochen
Ort: VHS-Zentrum Raum 105
Preis: 60 Euro

c

d

Sie haben gerade ein neues Handy gekauft und möchten mehr darüber wissen?

In unserem Einsteigerkurs lernen Sie die Funktionen des Handys kennen und Sie lernen, das Handy gezielt und richtig einzusetzen.

Kursgebühren: 35,00 Euro
Telefonische Anmeldung: 0641 / 365 41

f

Grundlagen WINDOWS, WORD, Internet

Für Computeranfänger/innen. Sie lernen den Aufbau und die Funktionsweise des PCs, die Benutzeroberfläche WINDOWS und das Textverarbeitungsprogramm WORD kennen. Außerdem bekommen Sie eine Einführung in das Internet. Nach dem Kurs wissen Sie, wie Sie mit den Programmen arbeiten können, Sie lernen, einfache Texte zu schreiben und wie Sie eine Website im Internet aufsuchen. Vorkenntnisse sind nicht erforderlich.

VHS Hannover
Ort: Ricarda-Huch-Schule
Di + Do 9.00 – 12.15 Uhr
6. Feb. – 6. März, 8x, € 160,–

e

Tanzschule Großmann

Lateinamerikanische Tänze – das ist Ausdruck von Spaß und Lebensfreude.

In diesem Kurs lernen Sie die Grundschritte von Samba, Salsa und Merengue.

3 Wochenenden:
Samstag: 10.00–16.00 Uhr
Sonntag: 10.00–14.00 Uhr

Beginn: 5. März
Anmeldung unter Telefon 0201-68 43 125

i

Stadtbücherei Frankfurt

**Lernen Sie Deutsch?
Lernen Sie Lesen und Schreiben?**

Die Internationale Bibliothek

bietet Ihnen vielfältige Lernmöglichkeiten begleitend zu Ihrem Volkshochschulkurs.

Ausleihe von Medien aller Art
Lernen in der Bibliothek
PC-Lernstudio
in der Stadtteilbibliothek Gallus
Service für Lehrende
u. a. Bibliothekseinführungen

Die Nutzung vor Ort ist kostenlos.
Jährliches Ausleihentgelt: 10 €
Inhaber/innen des Frankfurtpasses leihen kostenlos aus.

Stadtteilbibliothek Gallus
Idsteiner Straße 65
Tel. (069) 212-34744
Di 10–13 und 15–19 Uhr /
Mi, Fr 14–17 Uhr / Do 14–19 Uhr

Bibliothekszentrum Höchst
Michael-Stumpf-Straße 2
Tel. (069) 212-45584
Di, Do 13–19 Uhr /
Mi, Fr 11–17 Uhr / Sa 10–13 Uhr

Infos unter:
www.stadtbuecherei.frankfurt.de

g

UNTERRICHTSANGEBOTE

Nachhilfe in allen Fächern beim Studienzirkel. Intensivtraining, Abi-Vorbereitung. Einzel- und Gruppenkurse. Tel. 030 / 202 17 77

Probleme mit Französisch? Franzose erteilt Nachhilfe. Tel. 030-8975 135 oder E-Mail Pierre-Deneuve@web.de

Sprachstudentin gibt Nachhilfe in Englisch und Französisch bis zur 10. Klasse. Tel. 030-234 651

h

Wenn Sie in Ihrem Beruf viel telefonieren müssen, ist dieser Kurs das richtige Angebot. Sie lernen, die Gesprächssituationen sicher zu beherrschen.

Schule am Niederbronnerweg

Kursgebühr: 75,00 Euro

Freitag, 08.04.2005, 18.00–21.00 Uhr
Samstag, 09.04.2005, 9.00–17.00 Uhr

Anmeldung unter Telefon 0821-170 324 7651 oder per E-Mail an post@lernzentrum-augsburg.de

Landeskunde

www.meinestadt.de ist die Internetseite für über 12 000 Städte in Deutschland. Hier finden Sie Informationen zu Jobs, Lehrstellen und Firmen. Es gibt Wohnungsangebote, einen Veranstaltungskalender und Sie finden alle wichtigen Telefonnummern in Ihrer Stadt.

Bildquellen

S. 4 © Cornelsen Verlag, Niemann
S. 7 1.: © Comstock (RF) – 2.: © Cornelsen, Corel-Library – 4.: © Cornelsen, Corel-Library – 5.: © Berlin Partner GmbH/FTB-Werbefotografie
S. 9 © Comstock (RF)
S. 10 unten: © Cornelsen, Abt
S. 11 © Bundesministerium für Familie, Senioren, Frauen und Jugend
S. 15 1., 2., 4., 6.: © Comstock (RF) – 3., 5.: © Cornelsen, Schulz
S. 18 © DB AG, Hartmann
S. 20 oben rechts: © Cornelsen, Corel-Library – unten: © Fraport AG, Retailing
S. 22 © 2002 germanwings.com
S. 23 © DB AG
S. 24 a, b, c, e: © Cornelsen, Schulz – d: © Cornelsen, Apitz
S. 25 © Cornelsen, Schulz
S. 28 ganz links: © mauritius-images (RF)
S. 34 2. von oben: © DB AG/Schmid; 3. von oben: © DB AG/Jazbec
S. 37 © Comstock (RF)
S. 39 oben: © Deutsche Telekom AG
S. 47 © Tuspo Weende e.V.
S. 53 links: © PixelQuelle.de – rechts: © Gewobag, Link
S. 54 © Bananastock (RF)
S. 56 © Tatsachen über Deutschland, www.tatsachen-ueber-deutschland.de
S. 57 © Frankfurter Buchmesse, Hirth
S. 60 © insel taschenbuch
S. 64 © Comstock (RF)
S. 66 © Bananastock (RF)
S. 67 © Bananastock (RF)
S. 72 Mitte oben: © PixelQuelle.de – Mitte unten: © BilderBox.com – rechts: © Cornelsen, Garve
S. 78 Mitte links: © PixelQuelle.de – Mitte rechts und rechts: © Cornelsen, Schulz
S. 79 © Berlinale
S. 82 © Berlinale
S. 84 links: © GNU FDL, M. Linnenbach – rechts: © Cornelsen, Corel-Library
S. 85 © frei
S. 86 © GNU FDL CC, 2005 D. Monniaux
S. 88 © Siemens Russia
S. 92 © Vattenfall

Cover oben: © Picture Press, Wartenberg – unten: © Stiftung Lebendige Stadt
S. 5 © picture-alliance/akg-images
S. 7 3.: © picture-alliance/dpa-Report, Brakemeier
S. 10 oben: © ullstein bild
S. 19 links: © F1 online – rechts: © Caro, Conradi
S. 20 oben links: © mauritius images, Mitterer
S. 28 2. von links: © images.de, Schulten; Mitte: © mauritius images, Matthias; rechts: © argus, Schroeder
S. 31 © picture-alliance/ASA
S. 34 oben: © plainpicture, Kuttig; unten: © getty images
S. 35 © photothek.net
S. 39 Mitte: © Caro, Hechtenberg; unten: © Visum, Hendel
S. 40 © Globus Infografik
S. 43 oben: © vario-images – unten: © Becker & Bredel
S. 48 links: © Digitalstock – rechts: © mauritius images, Merten
S. 55 © mauritius images, Bergmann
S. 58 © mauritius images/The Copyright Group
S. 59 oben: © ullstein bild – unten: © ullstein bild/Granger Collection
S. 61 © X Filme
S. 62 oben: © mauritius images, Pigneter – Mitte: © mauritius images/age fotostock – rechts: © mauritius images, Ripp
S. 72 links: © BilderBox.com
S. 73 © BilderBox.com
S. 76 © mauritius images, Enzinger
S. 78 links: © ullstein bild/dpa
S. 90 © Globus

Nicht alle Copyrightinhaber konnten ermittelt werden; deren Urheberrechte werden hiermit vorsorglich und ausdrücklich anerkannt.